제임스 패커의 기독교 기본 진리

세례와 회심

일러두기

'제임스 패커의 기독교 기본 진리' 시리즈의 원제는 『Growing in Christ』이다. 원서는 총 4부로 구성되어 있지만 독자의 편의와 활용을 위해 네 권으로 분권하였다.

Growing in Christ

Copyright ⓒ 1994 by J. I. Packer

Published by Crossway
a publishing ministry of Good News Publishers Wheaton, Illinois 60187, U.S.A.
This Korean edition is published by arrangement with Crossway Books through rMaeng2, Seoul, Korea.
Korean Copyright ⓒ 2012 by Abba Book House, Seoul, Korea.
All rights reserved.

이 책의 한국어판 저작권은 알맹2 에이전시를 통하여 Crossway Books와 독점 계약한 아바서원에 있습니다. 신 저작권법에 따라 한국 내에서 보호를 받는 저작물이므로 무단 전재와 복제를 금합니다.

제임스 패커의 기독교 기본 진리
세례와 회심

제임스 패커 지음 | 김진웅 옮김

아바서원

차례

머리말 6

들어가는 말 15

1장 · 주님의 명령 ··· 19
2장 · 세례의 의미 ··· 25
3장 · 복음서가 말하는 성례 ··· 31
4장 · 회심과 세례 ··· 37
5장 · 예수의 이름으로 받는 세례 ··· 43
6장 · 세례와 씻음 ··· 49
7장 · 그리스도와의 연합 ··· 55

8장 · 세례와 성령 ··· 61
9장 · 기독교의 기본 진리 ··· 67
10장 · 유아세례 ··· 73
11장 · 입교식 ··· 79
12장 · 세례와 소명 ··· 85
13장 · 세례가 개인에게 주는 의미 ··· 91
14장 · 세 번째 생일 ··· 97

머리말

내가 이 책을 쓰게 된 동기는 성경공부 모임에, 또는 그런 모임에 참여할 수 없어서 혼자 공부하는 사람들에게 필요한 자료를 제공하기 위해서다. 그런 견지에서 이 책은 숱한 성경공부 모임에 사용되고 있는 나의 책 「하나님을 아는 지식」(*Knowing God*, IVP 역간)과 짝을 이룬다. 이 책은 기독교의 가르침 가운데 항상 중심이 되는 세 가지 신조(信條)인 사도신경, 주기도문, 십계명 그리고 세례에 대한 내용으로 구성되었다. 각 부분은 마음만 먹으면 단숨에 소화해낼 수 있을 만큼 짧고 간략한 여러 소제목으로 이루어져 있고, 좀 더 심도 있는 학습을 위해 각 장마다 '스터디 가이드'를 실었다.

사도신경, 주기도문, 십계명, 이 세 가지 신조는 각각 기독교 신앙의 내용, 하나님과의 교제(기도), 행동의 규범을 다룬다. 세례는 하나님의 언약, 그리스도인의 회심(回心)과 약속, 교회생활에 대한 것으로, 논리적 전개 순서에 따라 2부 ('제임스 패커의 기독교 기본 진리' 시리즈 「세례와 회심」 편을 말한다-옮긴이)에서 다루었다. 세례 때 받아들이는 신앙의 내용이 먼저 나온 다음 세례에 대해 다루고, 뒤이어 제자의 삶을 보여주는 기도(주기도문)와 순종(십계명)에 대한 고찰이 이어져야 논리적일 것 같아서다.

나는 이 책이 역사적 신앙을 견지(堅持)하는 모든 교회에서 사용되기 바란다. 이런 바람에서 나는 C. S. 루이스가 (리처드 백스터에게서 빌려온 개념인) '순전한 기독교'(Mere Christianity)라고 부른 문제에 국한하여 다루었다. 따라서 나는 로마 가톨릭교회가 사도신경과 복음을 역사적으로 오해한 대목(현대의 많은 로마 가톨릭 신학자들이 이를 극복하려고 애쓰고 있다)을 꼭 지적해야 할 경우를 제외하고는 믿음의 본질에 초점을 맞추려고 노력했다.

압축적이면서 암시적인 방법으로 쓴 각 과의 제목은 당신의 의견과 생각을 유도하는 것에 지나지 않는다. 그러므로 각 주제를 완벽히 소화하려면 '스터디 가이드'에서 제시한 질문과 성경본문을 더욱 심도 있게 연구하기 바란다.

오늘날에는 '교리문답'(catechism, 요리문답)이라는 용어만 들으면 마음이 편치 않은 그리스도인들이 많은데 그럴 필요는 없다. '교리문답'(catechism)이라는 단어는 "들려주어 가르치다"

라는 뜻의 헬라어 '카테케오'(katecheo)에서 유래한 말일 뿐이다. 영어 'catechism'(문답식 가르침, 교리문답), 'catechumen'(가르침 받는 사람, 또는 세례지원자), 'catechumenate'(체계화한 가르침), 'catechize'(오늘날에는 문답식 교수법만을 가리키지만, 원래는 "가르치다"라는 뜻의 동사)라는 단어가 모두 이 헬라어에서 유래했다. 사도행전 8장에 보면 빌립이 에티오피아 내시를 가르치는 장면이 나오는데, 그 과정이 바로 문답이다.

기독교는 누구에게든 본능적이지도 않으며, 아무 노력 없이 우연히 선택할 수 있는 신앙이 아니다. 기독교는 배워야 하며 따라서 가르침이 필요하다. 그러므로 교회생활 가운데 '체계적인 가르침'(catechumenate)이 반드시 필요하다.

초대교회 시대에는 기독교에 대해 질문하고, 회심하는 사람들이 끊이지 않았다. 그리고 그들의 수준에 맞춰 문답을 해주는 것이 교육의 한 방식이었다. 종교개혁가들은 기독교에 무지한 기독교 국가를 부흥시키기 위해 어린이들을 위한 체계적인 가르침에 집중했다. 1529년 루터가 '어린이 교리문답'을 발표한 이래 한 세기 반 동안, 문자 그대로 수백 개의 교리문답이 쏟아져 나왔다. 대체로 청소년들을 위한 것이었고 그 가운데 일부는 교회의 공식적인 문건이며, 일부는 목회자 개인이 사적으로 쓴 것이었다.

특히 영국국교회(성공회) 기도서 교리문답, 하이델베르크 교리문답, 웨스트민스터 소요리문답이 가장 유명하다.

오늘날 대부분의 개신교 신자들은 교리문답과 문답식 교육을 오직 자녀양육과 관련해서만 생각하고, 성인을 대상으로 쓴 C. S. 루이스의 「순전한 기독교」(*Mere Christianity*, 홍성사 역간), 빌리 그레이엄의 「하나님과의 평화」(*Peace with God*, 생명의말씀사 역간), 존 스토트의 「기독교의 기본 진리」(*Basic Christianity*, 생명의말씀사 역간), G. K. 체스터턴의 「정통」(*Orthodoxy*, 상상북스 역간)와 같은 책들은 교리문답서가 아니라고 생각한다. 그러나 이 책들은 교회 밖 사람들에게는 기독교 가르침을 소개하고, 교회 안 사람들에게는 신앙의 기초를 확립해준다는 면에서 교리문답서라는 표현이 가장 알맞다.

오늘날 성인들에게 체계적인 기독교교육(문답식 교육)을 부활시키는 일이 절실히 필요하다. 그러나 꼭 교리문답이라고 부를 필요도 없고, 미리 짜 맞춘 형식의 글을 엄격하게 반복 학습하는 형태를 취할 필요도 없다. 오랫동안 개신교도는 자녀에게 교리문답을 가르쳤다. 그런데 어떻게 된 일인지 기독교의 본질을 잘 모르는 사람들이 교회 안팎에 너무나 많다. 그러므로 교회는 이런 사람들에게 기독교의 본질을 탐구할 기회를 주어야 한다. 설교가 그들에게 도움이 되면 좋겠지만 그렇지 않은 경우도 종종 있다. 일반적으로 설교는 설교하는 사람과 듣는 사람 모두 신앙의 근본적인 사항을 확신한다는 전제하에 이루어진다. 만일 이런 확신이 없을 때, 그 사람은 설교를 자신과 동떨어진 것이나 심지어 거슬리는 것으로 느낀다. 그러므로 기독교의 지적 근간을 조사하고, 질문하며, 검토하기에 가장 좋은 환경은 강단 앞이 아니라, 교리문답으로 체계적인 교육을 받는 것이다. 적어도 기독교 역사가 이 점을 시사한다.

현대의 교육 이론은 개인의 탐구, 발견, 집단 토론을 중시한다. 교회의 성인교육이라고 해서 이런 방법을 취하면 안 될 이유는 전혀 없다. 이는 참으로 좋은 방법이다. 기독교는 일정한 내용과 불변의 사항을 지니는 것이지 토론에 의해 계속 재창출되는 무한변수 X가 아니라는 사실을 기억한다면 말이다.

C. H. 스퍼전이 한 이야기 가운데 이런 일화가 있다. 한 아일랜드인이 분리파 교회의 집회에서 어떤 깨달음을 얻었냐는 질문을 받았다. 이때, "아, 그것은 멋진 일이었습니다. 우리 가운데 뭐라도 아는 사람이 아무도 없었습니다. 그저 우리 모두 서로에게 배운 셈이지요"라고 분별없이 한 말은 우리에게 시사해주는 바가 크다. 자칭 기독교 모임에서 공공연히 기독교의 근본을 공부

하고 있다고는 하지만, 이 이야기에서 나타난 바와 같이 겉모양만 기독교일 뿐, 기독교의 근본 내용이 없는 경우를 볼 수 있다. 그러나 기독교의 근본을 소개하는 성경공부 모임에서는(이런 모임을 해마다 쉬지 않고 운영하는 교회들도 있다) 참되며, 반드시 필요한 교리교육, 즉 기독교의 본질을 체계적으로 정리한 내용을 가르치고 있다. 이런 성경공부를 도입함으로써 유익을 얻지 못할 교회는 없으리라고 생각한다.

이 책이 기독교 신앙의 본질을 더욱 깊이 이해하고, 우리 주(Lord)와 구주(Savior)가 되시는 예수 그리스도 안에서 성장하는 데 작은 도움이나마 되었으면 하는 바람이다.

제임스 패커

세례와 회심

"그러므로 너희는 가서 모든 민족을 제자로 삼아, 아버지와 아들과 성령의 이름으로 세례를 베풀고"(마 28:19).

"베드로가 이르되 너희가 회개하여 각각 예수 그리스도의 이름으로 세례를 받고 죄사함을 받으라 그리하면 성령의 선물을 받으리니" (행 2:38).

"그 눈을 뜨게 하여 어둠에서 빛으로, 사탄의 권세에서 하나님께로 돌아오게 하고 죄사함과 나를 믿어 거룩하게 된 무리 가운데서 기업을 얻게 하리라"(행 26:18).

"예수께서 대답하시되 내가 너를 씻어 주지 아니하면 네가 나와 상관이 없느니라"(요 13:8).

"무릇 그리스도 예수와 합하여 세례를 받은 우리는 그의 죽으심과 합하여 세례를 받은 줄을 알지 못하느냐 그러므로 우리가 그의

죽으심과 합하여 세례를 받음으로 그와 함께 장사되었나니
이는 아버지의 영광으로 말미암아 그리스도를 죽은 자 가운데서
살리심과 같이 우리로 또한 새 생명 가운데서 행하게 하려 함이니라
만일 우리가 그의 죽으심과 같은 모양으로 연합한 자가 되었으면
또한 그의 부활과 같은 모양으로 연합한 자도 되리라"(롬 6:3-5).

"자비로우신 하나님,
이 사람들 안에 있는 옛사람은 죽고, 새사람이 살게 하소서.
이들 안에서 육체의 정욕은 죽고,
성령께 속한 모든 것이 살고 자라게 하소서.
이들이 마귀와 세상과 육체를 이기고 승리할 힘과 권세를 주소서.
우리의 세례식과 세례식을 행하는 직무를 통해
당신께 바치는 이 사람들 모두에게
하늘의 좋은 것과 영원한 상급을 얻게 하소서.
영원히 사시면서 세상 만물을 다스리시는 하나님,
찬양받으실 주 하나님, 당신의 자비를 베푸소서. 아멘."

−세례식사, 1662년 영국국교회 기도서

들어가는 말

복시(複視)란 사진으로 치면 이중 노출에 해당하는 것으로 그다지 반갑지 않은 현상이다. 사물이 겹쳐 보여서 선명히 볼 수 없기 때문이다. 복시 증상이 있는 사람은 아무것도 뚜렷하게 볼 수 없기 때문에 운전도 제대로 하지 못한다. 사진 위에 다른 사진을 이중으로 인화하면 두 사진 모두 쓰지 못하는 것과 같다.

그리스도인이 된 데 대한 우리 생각의 갈피를 살펴보면 복시나 이중 노출과 같은 면이 많다. 우리는 정신이 분열되기라도 한 듯, 세례를 받아 그리스도인으로서 새 인생을 시작했다는 말(Christian initiation, 기독교 입문)과, 회심(回心)을 통해 예수 그리스도를 주님으로, 구주로 영접했다는 말(becoming a Christian, 그리스도인이 되는 것)을 구분해서 사용한다. 대체로 전자는 유아기에(유아세례로), 후자는 어느 정도 나이를 먹은 후 경험한다. 그러나 우리가 이 두 주제를 관련지으려고 노력하기 때문에 결과는 이중으로 노출된 사진과 같아진다. 두 개의 상(像)이 보이지만 어느 하나도 온전하지 않다. 두 상이 서로 방해가 되어, 어느 것도 분명하게 보이지 않는다.

그럼 이런 난맥상은 어디에서 비롯되었을까? 그것은 2세기 동안의 경건주의와 그에 대한 반발이 만들어낸 유산이다. 경건주의의 영향으로 모든 관심과 노력은 회심에 집중되었다. 이런 현상은 지금은 사라졌거나 거의 사라져버린 교파에서 특히 심했는데 그 결과 그 교파 안에서는 세례가 죽은 형식이 되고 말았다. 반면 경건주의에 반대한 이들은, '회심제일주의'가 교회의 공동체적 삶 가운데 은혜의 객관성을 인정하지 않는 태도라며 도전했다. 유아세례를 지지한 사람들 중에는 회심의 중요성을 놓치지 않기 위해, 세례로 일어나는 중생과 회심한 사람이 접어드는 중생은 서로 다르다고 말하는 사람들까지 있었다. 성인세례만을 주장하는 어떤 이들은 물세례(회심을 뜻하는 '성령세례'와 대척되는)가 하나님의 은혜가 역사하신 표나 수단이 아닌 신자가 하나님의 은혜에 응답하는 표시라고 단언했다. 이런 식으로 사람들은 하나님이 붙여놓으신 것을 서로 갈라놓았다.

다음에 공부할 내용은 예수를 구주로 영접하는 회심을 도외시한 채 세례를 생각하는 것은 성경적이지 않다는 견해를 보여준다. 물론 그 반대도 마찬가지다. 세례에 대해 다룰 때는 그리스도인의 회심과 헌신, 회심한 사람의 삶과 받을 상에 집중해야 한다.

세례와 회심은 물과 기름처럼 공존할 수 없는 것이 아니라 음악에서 테너와 베이스의 관계에 있다고 할 수 있다. 하나가 없다면 나머지 하나도 충분히 느낄 수 없으며 적절한 화음을 내기 위해서는 반드시 둘 다 있어야 한다.

1장 주님의 명령

지금도 그렇거니와 세례는 이전에도 항상 그리스도인이 되는 절차상의 의식이었다. 그런데 세례는 정확히 무엇인가? 물을 붓거나 손으로 적시거나 아예 물에 들어가거나, 세례 받는 사람은 일시적으로 물 밑에 있다가 '물에서' 나온다. 세례에 해당하는 헬라어 '밥티조'(baptizo)는 문자 그대로 "적시다"라는 뜻이며, 그 행동은 씻음과 새로운 출발을 암시한다. 세례와 짝을 이루어 나오는 "성부와 성자와 성령의 이름으로"라는 말은 세례 받는 자가 삼위일체 하나님이 요구하시는 관계에, 또 하나님께 바쳐진 관계에 놓였다는 것을 공언한다.

세례 받지 않고 구원 얻을 수 있다면

다른 종교에도 물로 씻는 의식(儀式)이 있다. 또 세례가 사람의 내면 상태를 변화시키는 중요한 의식이라고 생각한다. 그러나 기독교에서 말하는 중요한 내적 변화란 단지 하나님 앞에서 믿음이 바른지의 문제가 아니다. 그 믿음이 예수 그리스도를 통해 하나님께 마음을 바치는 살아 있는 믿음인지가 중요하다. 이런 내적 변화는 어떤 특정한 의식에 의해 생겨나지는 않는다. 이런 변화가 어떤 의식에 의존하지 않기 때문이다. 위급한 때에는 어떤 식으로든 의식을 베풀 수 있지만, 피치 못할 상황에서는 의식을 치르지 않아도 되며, 마음으로부터 하나님을 부인하거나 반항한다면 의식은 결코 아무런 도움도 될 수 없다. 사도들은 믿는 자와 그 가족에게 세례를 베풀었다. 그러나 "주 예수를 믿으라 그리하면 너와 네 집이 구원을 받으리라"(행 16:14, 15, 29-33 참조)라는 구절에서도 알 수 있듯이, 구원하는 것은 믿음이라고 했다.

그렇다면 세례 받지 않고 믿을 수 있고 구원 얻을 수 있는데, 교회는 왜 세례를 요구하는가? 왜 퀘이커교도나 구세군처럼 세례를 포기하지 못하는가?

그 대답은 그리스도인들이 구주요, 주님이요, 하나님으로 섬기는 갈릴리 사람 예수와 관련하여 기본적인 사실만 살펴봐도 알 수 있다.

예수 그리스도

예수께서는 누구였는가? 복음서를 읽고 그분을 알라! 공관복음서는 그분을, 약속된 다윗 혈통의 통치자, 하나님이었던 사람(마태복음), 선지서에서 말하는 고통받는 종(마가복음), 천국 길을 여시는 성령 충만한 전도자(누가복음)로 묘사한다. 한편 요한복음은 그분을 하나님의 독생자, 영원하신 말씀이라고 묘사한다. 그리고 자기를 믿는 자들에게 영생을 주시려고 신성(神性)을 잃지 않은 채 인간이 되신 분이라고 설명한다. 그렇다면 다음 바울의 편지를 통해, 하나님의 아들이심(골 1:13-20), 구원을 위해 죽으심(롬 3:21-26, 5:6-11; 고후 5:14-21), 부활(고전 15:1-20), 현재의 통치(빌 2:5-11; 고전 15:24-28), 확실한 재림(살전 4:13-5:11) 등 바울이 설명하는 바를 보라. 그리고 하나님의 아들이요 아브라함의 자손이며, 사도요, 대제사장이며 우리의 죄를 씻으려는 제사요, 제물이라는 표현을 사용한 히브리서를 보라. 나아가 사도행전에 나타난 주님이신 예수를 구주로 표현하는 방식이나 요한계시록에 그분의 다가오는 승리를 찬송하는 방식을 읽어보라. 이 모든 것을 종합해보면, 예수께서 어떤 분이었는지 알게 될 것이다.

그분은 우리에게 누구인가? 각자 자기 십자가를 지고 그분을 따르며 하나님을 섬기라고 요구하시는 우리의 주인이며, 현세에서 우리를 인도하고 격려하시다가 내세에도 그 영광을 함께 누리기 위해 우리를 안내하는 친구이자 우리를 사랑하는 분이다. 그분은 우리에게 최고의 충성을 요구하신다. 우리가 그분을 사랑한다면, 우리는 그분의 말씀처럼 그분의 계명을 지킬 것이다 (요 14:15).

그분을 기쁘시게 하는 것

이제 우리는 문제의 답을 얻었다! 예수의 계명에 세례가 있기 때문이다. 예수께서는 사도들을 세상에 보내시며, 모든 민족을 제자로 삼아 아버지와 아들과 성령의 이름으로 세례를 베풀라고 말씀하셨다(마 28:19). 따라서 세례를 명령하지 않는 교회와 세례를 요청하지 않아 세례 받지 못한 교인은 자기모순에 빠지고 만다. 세례를 시행하는 근본적인 이유는 우리 주님이신 예수 그리스도를 기쁘시게 하기 위함이다.

더 읽을 말씀

- 세례의 시행: 사도행전 8:26-39, 10:30-48

복습과 적용

- 세례의 의미와 관련하여 헬라어 '밥티조'(*baptizo*)로 알 수 있는 것은 무엇인가?
- 세례 예식과 믿음은 어떤 관계인가?
- 기독교인인 내가 세례 받아야 하는 이유는 무엇인가?

2장 세례의 의미

'나는 언제 어디에서… 태어났다'로 시작하는 자서전들이 있다. 내가 나의 세례에 대해 말할 때 나 역시 그런 식으로 말할 수밖에 없다. 왜냐하면 나는 유아세례를 받았기 때문이다. 독자들 가운데 많은 사람도 나와 같으리라 생각한다. 4세기(정확한 시기에 대해서는 의견이 분분하다) 이전은 아니라도, 그 이후 대부분의 그리스도인은 유아기에 세례를 받았다. 그래서 자신의 세례에 대해 아는 것이라곤 전부 다른 사람에게 들은 것뿐이다. 1세기의 회심자들과 침례교 전통을 따르는 사람들처럼 청소년기 이후에 세례를 받았다면, 자신의 세례를 생생하게 기억할 것이다. 하지만 그렇다고 해서 다를 것은 없다. 세례를 언제 받았든 이제 그것은 과거의 일이다. 우리는 세례를 하나의 사건으로 추억하지 않으며, '말하는 표'(a speaking sign), '메시지를 전달하는 상징'으로 간주함으로써 오늘의 삶에 부여하는 의미를 붙든다. 아우구스티누스는 세례를 하나님께서 주시는 '보이는 말씀'(visible word)이라고 했다.

세례에 담긴 메시지

이런 식의 세례 이해는 어디에서 비롯되었을까? 세례에 호소해 가며 소명을 일깨우려 했던 바울에게서 비롯된 것이 아니겠는가. 바울은 로마서 6장 1-14절에서, 그리스도와 합하여 세례를 받은 우리가 그리스도와 함께 장사되었으나 그리스도를 죽은 자 가운데서 다시 살리신 것처럼, 우리가 다시는 죄에 빠지지 않으리라고 말한다. 골로새서 2장 8절부터 3장 17절에서는, 우리가 세례로 그리스도와 함께 장사한 바 되고 다시 일으키심을 받았기 때문에, 그리스도가 없고 세속적이며 율법주의와 미신의 요소를 지닌 '자연' 종교에 빠지지 말아야 하며, 나쁜 습관을 없애고 단련하며 그리스도의 성품으로 새로워짐으로써 그리스도의 초자연적인 부활의 생명을 우리 안에 나타내야 한다고 말했다.

바울은 십자가를 통해 자신의 죄책을 완전히 말소한 다음 그 기초 위에서 살아 계신 그리스도를 의식하면서 연합하여 사는 것이 참된 그리스도인이라고 보았다. 또 바울은 세례는 하나님의 새롭게 하심(예수와 함께 십자가에 죽고 예수와 함께 다시 살아나는 일)과 우리의 회개(새 생명을 나타내기 위해 새 출발로 돌아서는 일)를 의미한다고 보았다.

어떤 사람들은 그리스도를 믿는 믿음으로, 그것도 오직 그 믿음으로만 의인(의롭다 함)이라는 판결을 받고 구원을 얻는다(롬 3:27-30; 갈 2:15-16; 엡 2:8-9; 빌 3:4-9)고 주장한 바울이, 여기에서는 세례 예식이 구원을 가져온다는 암시를 준다고 생각하여 당혹스러워하는데 이것은 바울을 오해한 것이다. 다음에 지적한 사항들이 그 점을 밝혀준다.

첫째, 바울은 1세대 회심자들에게 편지를 쓰고 있다. 그런데 그들은 신약에 잘 드러나 있듯이 믿음을 고백한 직후에 세례를 받았을 것이다. 따라서 믿음과 세례는 그리스도인이 된다는 한 가지 사건의 양면이자 이미 그들 마음에 결부되어 있는 것이다.

둘째, 이런 결합을 당연하다고 여긴 바울은 세례라는 사건이 믿음을 통해서만 일어나는 것이며 믿음 없이는 세례가 있을 수 없다는 것을 그들에게 상기시킨다. "너희가 '세례로' 그리스도와 함께 장사되고… 믿음으로 말미암아 그 안에서 함께 일으키심을 받았느니라"(골 2:12). 개신교든 가톨릭교회든 동방정교회든 세례 받은 사람이면 믿음이 없어도 구원을 얻을 수 있다거나, 세례를 받지 못했다면 참으로 그리스도를 믿는다 할지라도 구원을 얻을 수 없다고 가르치지는 않는다. 때로 지식이 모자란 성직자 때문에 이런 미신이 초래되기도 하지만 말이다.

셋째, 바울은 물론 모든 신약 기자들에게, 믿음과 세례를 결부해 생각하는 것은 왕위를 물려받는 일과 즉위식이 동시에 일어나는 것과 같은 의미이다. 이미 존재하는 왕권을 공적인 의식을 통해 선포하고, 확인하고, 경축하고, 공개적으로 인정하는 것이다. (엘리자베스 2세의 대관식에서 "여왕이 되었다"고 선포하는 것과 같은 의미로, 태어나면서부터 부모를 따라 "주 안에서" 자라난 신자의 자녀는 세례식에서 "그리스도의 사람, 하나님의 자녀, 하늘나라의 상속인이 되었다"고 선포한다.)

넷째, 바울은 어떤 경우에도 세례가 구원의 증거라고 말하지는 않는다. (세례만으로는 구원의 증거가 될 수 없다. 사도행전 8:13-24의 마술사 시몬을 생각해보라.) 바울이 생각한 세례는 우리가 이미 살펴본 대로, 믿음을 고백한 사람들에게 하나님이 주신 표(sign), 즉 신자들이 생명에 부름을 받았고, 그 생명을 약속받았으며, 그 생명의 특권을 지닌 존재로서, 그 생명을 누릴 수 있다는 것을 가르쳐주는 표다.

자신의 세례에 의해 살라

마르틴 루터는 하나님의 사랑에 의심이 생기고 스스로 치명적인 절망감에 빠지는 유혹을 느낄 때마다 "나는 세례를 받았다"고 말함으로써 자신을 진정시켰다고 한다. 그렇게 해서 루터는 하나님이 은혜로 자신을 부르셨다는 것과 자신이 그리스도 안에서 새 생명을 얻었고, 그러므로 자기 믿음과 신실에 자신 없어 하지 말아야 한다는 확신을 회복했다. 그는 세례의 메시지를 붙들었다! 우리도 그러한가?

더 읽을 말씀

- 구원을 보여주는 세례: 골로새서 2:8-3:4, 로마서 6:1-14

복습과 적용

- 세례는 그리스도인 자신과 관련하여 무엇을 보여주는가?
- 세례와 구원 사이에는 어떤 관계가 있는가?
- 왜 마르틴 루터는 자신이 세례를 받았다는 사실을 통해 다시 확신을 얻었는가?

3장 복음서가 말하는 성례

긴 잠에서 깨어난 것 같았다. 눈을 떴지만 밖은 온통 어두웠다. 내가 어디에 있는지 전혀 알 수 없다. 주위에는 아무도 없는 듯했고, 내 밑에 무엇이 있는지 울퉁불퉁하면서도 미끄럽다. 아무것도 볼 수 없기 때문에 움직이면 위험할 것 같았다. 갈 곳도 없지만 그렇다고 움직이지 않고 가만히 있을 수도 없는 노릇이 아닌가? 의미 있는 것은 아무것도 없다.

소망이 없다고 해서 내가 병들고, 왜소하고, 약하고, 겁이 많은 존재처럼 느껴지는가? 그런데 멀리서 "이리로 오라, 여기에 빛이 있노라" 하는 소리가 들리는 듯하다. 아직 어디에서 그 목소리가 들리는지 정확히 알 수는 없다. 하지만 그곳을 향해 최선을 다해 더듬어가는 것만이 내가 할 수 있는 유일한 일이라고 생각한다.

어둠 속의 목소리

나는 우리 시대의 영적 현실을 앞의 글과 같이 묘사했다. 현대 그리스도인들은 이런 마음 상태에서 영적 순례를 시작했다. 성경적 기독교는 어둠 속에서 들려오는 목소리에서 시작된다. 그 소리는 밤길에 접어든 나그네를 부르시는 하나님의 부르심이다. 자신이 진실로 영적 어둠에 사로잡혀 있다는 것, 주위에 아무도 없으며, 길을 잃어버렸다는 것을 알기 전에는 아무리 그 주제에 익숙한 말씀이라도 그 말씀이 들리지 않는다. 성령님은 이것을 깨닫게 하시며 성인들이 하나님의 말씀을 들을 수 있도록 도우신다.

'하나님의 말씀'이란 예수 그리스도와 성경을 가리키는 표현이다. 둘 다 하나님의 마음을 드러내기 때문이다. 그러나 신약에서 일반적으로 쓴 하나님의 말씀이란 보통 '복음', 즉 잃어버린 자들을 향한 하나님의 사랑과 관련된 좋은 소식('복음'이란 이런 뜻이다)을 의미한다. 이것은 어둡고 혼돈 상태에 빠져 있는 우리의 의식을 향해 하나님이 직접 하시는 말씀이다.

어둠 밖으로

복음서에서 하나님은 무슨 말씀을 하시는가? 모든 시대를 압도하는 선물, 값없이 얻는 선물에 대해 말씀하신다. 우리의 모든 죄의식과 비참함과 좌절의 근원이며, 성경에서 죄라고 일컫는, 하나님을 거스르고 따르지 않는 상태에서 완전히 벗어날 길(구원)을 열어주신다. 용서와 화평, 도덕적 능력, 기쁘고 영원한 새 생명을, 자기 공로로 얻으려 하지 않고 단순히 (은혜로) 받아들이는 겸손한 사람들에게 약속하신다.

하나님은 어떻게 이런 제안을 하실 수 있는가? 바로 죄의 희생제물이 되신 그리스도의 죽음을 통해서 가능하다. 우리는 이 생명을 어떻게 받는가? 하나님을 거스르는 일을 포기하고, 다시 사신 구주를 우리의 주인으로 맞아들임으로써 받을 수 있다. 그 생명은 바로 이런 관계에서 찾을 수 있다. 그러면 어떤 일이 일어나는가? "나를 따르는 자는 어둠에 다니지 아니하고 생명의 빛을 얻으리라"(요 8:12)라는 예수의 말씀이 진실임이 입증된다.

영광을 비추다

오늘날 많은 사람들은 세례를 교회의 한 의식, 단지 아이의 이름(세례명)을 짓는 데 의미가 있는 예식쯤으로 여긴다. 또 일부 그리스도인은 세례가 마술적 효과를 내는 것처럼 가장할까 염려하여 고의로 세례를 깎아내리기도 한다. 그러나 교부들은 세례를 굉장히 값지고 좋은 것으로 여겼다. 세례를 '생명의 문'이라고 찬양

한 교부들은, 올바로 시행하기만 하면 이 의식을 통해 초자연적인 능력을 받을 수 있다는 이교도적인 생각에 빠졌던 것일까? 아니다. 종종 그들의 말이 이런 식으로 이용되었을지는 몰라도 그렇지 않다. 그들은 세례의 장엄한 의미를 진심으로 귀하게 여겼다. 그들은 세례가 복음서에서 약속한 장엄한 구원의 성취를 신자들에게 보증해준다고 생각했다. 우리에게는 물론이고 그들에게도 세례의 영광은 복음을 반사한 영광이었다.

서명하고 봉인한 문서로 또는 선물을 주고받거나 악수를 나누는 일, 함께 식사하거나 음료를 마시는 행위 등 우리가 볼 수 있고 만질 수 있는 표시(token)로 중대한 약속을 확증하는 것은 세상에서는 지극히 당연한 일이다. 또 그 약속이 굉장히 소중한 것이면, 그 표시를 받아 간직하는 일도 굉장한 기쁨을 안겨줄 것이다. 행복한 결혼생활을 하는 여자에게 결혼반지를 보면 어떤 생각이 떠오르느냐고 물어보라! 세례도 결혼반지처럼 사랑하는 이의 약속을 상징한다. 하나님의 약속을 나타내고 영원한 행복을 보증해주는 것이다. 세례를 받고 세례를 회상하는 일은 우리를 기쁘게 한다.

구원의 약속을 확증하기 위해 세례와 성찬이라는 복음서의 두 성례를 확립한 분이 바로 우리 구주이다. 동방교회는 이전에 감추어져 있던 것이 드러났다는 의미에서 이 두 성례를 '신비'(mysteries, 이 단어는 원래 이교집단에 입문하는 것을 가리키는 말이었다)라고 불렀다. 서방교회는 엄숙한 맹세를 뜻하는 '성례전'(sacraments, 이 단어는 원래 로마 군인의 충성서약을 가리키는 말이었다)이라고 불렀다. 현대의 침례교 신자들과 많은 복음주의자들은 그리스도는 교회를 향해 지키라고 명령하신 것이기 때문에 '규례'(ordinances, 이 영어 단어와 정확히 들어맞는 용어가 없어서 단어의 의미를 편의상 '규례'라고 번역했다-옮긴이)라고 한다. 세례와 성찬 모두 이해를 돕는 시각 교재이자 믿음을 유도하는 가시적인 자극제이다. 세례와 성찬의 진정한 영광을 목격하려면 이와 같은 두 가지 각도에서 보아야만 한다. 자, 이제 그 영광이 보이는가?

더 읽을 말씀

- 자기 약속을 확증하시는 하나님:

  할례로 확증된 언약 - 창세기 17장

  맹세로 확증된 영광의 소망 - 히브리서 6:11-20

  잔으로 확증된 죄사함 - 마태복음 26:20-29

복습과 적용

- 성경과 예수 그리스도를 모두 '하나님의 말씀'이라고 일컫는 이유는 무엇인가?
- "세례의 영광은 복음을 반사한 영광이다"라는 말의 의미는 무엇인가?
- 동방교회의 '신비'(mysteries), 서방교회의 '성례'(sacraments)는 어떤 의미이며, 두 단어가 세례의 의미에 대해 우리에게 일러 주는 것은 무엇인가?

4장 회심과 세례

이번에 다룰 주제는 그리스도인의 회심이다. 이 회심은 이후 하나님과 함께, 하나님 안에, 하나님을 통해, 하나님을 위해 살기 위해서 우리가 돌아서는, 아니 돌아서게 되는(회심은 하나님이 우리 안에서 일으키시는 일이기 때문에) 필수적인 내적 변화이다.

무엇이 회심인가?

누가는 사도행전에서 회심에 관해 썼다. 거기에서 그리스도는 "그 눈을 뜨게 하여… 사탄의 권세에서 하나님께로 돌아오게[회심하게]하고 죄사함과 나[그리스도]를 믿어 거룩하게 된[받아들일 만하게 된] 무리 가운데서 기업을 얻게" 하시려고 바울을 이방인에게 보내신다(행 26:18). 바울은 이방인들에게 "회개하고 하나님께로 돌아오라(회심하라)"고 권고한다(26:20). 하나님은 그들에게 "믿음의 문"(14:27)을 열어 돌아오게(15:3) 하신다. 광적인 신앙에도 불구하고 그리스도께서 찾으실 때까지는 하나님과 아무 관련이 없었던 바울 자신의 이야기(9:1-30), 에티오피아 내시 이야기(8:27-39), 하나님을 경외하는 고넬료 이야기(10:22-48), 빌립보 간수 이야기(16:27-34), 더불어 누가복음에 나오는 이름 모르는 창녀와 동족을 착취하던 세리장 삭개오 이야기(눅 7:36-50, 19:1-10)에서 우리는 회심의 진상을 볼 수 있다.

회심은 하나님의 자비하심에 응답하며 하나님께 헌신하는 것이며, 회개와 믿음으로 이루어진다. 성경에서 회개와 믿음은 서로 중복되어 나타난다. 회개는 단지 뉘우치기만 하는 후회가 아니다. 생각, 목적, 행동 등 모든 면에서 완전히 돌아서는 것을 말한다. 따라서 제멋대로 사는 불순종의 길을 떠나 믿음과 신실함으로 하나님을 섬기는 것이다. 믿음 또한 그저 기독교의 진리를 믿는다는 것이 아니다. 자신감과 인위적인 희망을 버리고 용서, 평안, 생명을 위해 그리스도와 그리스도의 십자가를 온전히 믿는 것, 그래서 이후 자신이 사랑하는 하나님께 감사하고 참회하는 순종의 삶을 사는 것이다.

회심 전에는 하나님을 찾도록 만들기 위해, 그리고 웨슬리가

'종의 믿음'이라고 한 믿음을 세우기 위해, 하나님은 바울과 아우구스티누스에게 하신 것과 같은 명확한 방법으로 활동하신다. 그러나 사람은 오직 회심함으로써만 성경적 의미의 완전한 그리스도인이 되며 '자녀로서의 믿음'을 발휘한다. 회심하기 전에는 모든 사람이 영적으로 기껏해야 어스름한 새벽에 지나지 않는다.

때로 회심을 특이한 복음적 현상으로 취급하여 간과하는 경향도 있으나 회심은 도처에서 주류 그리스도인이 체험하는 현상이다. 회심이 극적으로 갑작스럽거나 감동적일 필요는 없다. 그리고 무슨 일이 일어났는지 반드시 충분히 인식하고 있을 필요도 없다. (물론 그런 회심은 보통 축복이라는 것이 증명되었지만…) 결정적으로 중요한 것은 회심한 표가 우리 안에서 발견되어야 한다는 점이다. 회심의 표시는 믿음과 회개가 일상생활의 원칙이 되는 것이다.

만일 이런 회심의 표가 보이지 않으면 우리가 어떤 경험을 주장하든 절대 그리스도인이라는 인정을 받지 못할 것이다. 그러므로 회심의 경험보다는 회심한 사람의 삶의 태도가 더욱 중요하다.

세례와 회심의 관계

그러면 당신은 "좋다. 하지만 그것이 세례와 무슨 상관이 있는가?"라고 묻는다. 물론 당신은 세례를 모르고서도 회심할 수 있다. 회심을 모른 채 세례 받을 수 있는 것처럼 말이다. 그러나 그렇더라도 거기에는 세 가지 관련이 있다.

첫째, 세례는 회심을 요구한다. 세례는 예수의 죽음과 부활을 통해 우리 안에서 역사하시는 하나님의 구원의 활동을 의미할 뿐만 아니라, "하나님께 대한 회개와 우리 주 예수 그리스도께 대한 믿음"(행 20:21), 곧 회심을 통해 새 생명으로 들어가는 것을 의미한다. 회심을 결단하고 그것을 분명히 고백하는 성인에게는 세례 받을 자격이 주어진다. 또한 유아세례도(부모의 서약을 통해) 아이에게 회심의 의무를 지게 한다.

둘째, 세례는 회심을 표현한다. 세례의 상징성을 통해 우리는 그리스도인이 된다는 것이 무엇인지 알 수 있다. 그리스도인이 된다는 것은 그리스도와 함께 죽을 것(세상과의 완전한 결별)을 받아들이고, 그리스도를 통해 씻음 받고(과거에 대한 완전한 용서), 부활하신 그리스도의 생명과 하나가 되는 것(미래에 대한 완전한 성별)을 의미한다. 진정한 회심은 이 세 가지 의미에서 하나님께 실제로 응답하는 것을 의미한다.

셋째, 세례는 진정한 회심을 가려낸다. 종교적 심리 현상으로서의 회심은 기독교 밖에서도 찾아볼 수 있다. 회심 경험이 기독교적인지 아닌지는 세례의 세 가지 요구에 적극적으로 응하는지 여부에 달렸다.

세례로 당신이 고백하는 회심에 대해 알 수 있는 것은 무엇인가? 그 점을 검토하고 살펴보면 현명해질 것이다.

더 읽을 말씀

- **참된 회심**: 데살로니가전서 1장, 2:9-16

복습과 적용

- 기독교인의 회심은 누가 행하는 일인가? 그 일은 무엇인가?
- 오직 회심에 의해서만 완전한 성경적 의미의 그리스도인이 된다. 왜 그런가?
- 왜 회심 경험보다 회심한 삶의 태도가 더 중요할까?

5장 예수의 이름으로 받는 세례

오순절에 베드로가 유대인들에게 설교하면서 그들이 죽인 사람이 다시 사셨고 통치하고 계신다고 말했을 때, 그들 중 많은 사람이 놀라 자신들이 어찌해야 할지 그에게 물었다. 베드로는 "회개하여 각각 예수 그리스도의 이름으로 세례를 받고 죄사함을 받으라"(행 2:38)라고 말했다.

그런데 우리는 이 말의 진의를 놓치기 쉽다. 베드로의 말은 예수를 십자가에 못 박은 것을 의례적으로 후회하라는 말이 아니다. 자기 삶의 방식을 완전히 포기하고 다시 사신 주님의 원칙에 철저히 굴복하라고 요구하는 것이다. 예수의 이름에는 예수의 요구가 담겨 있기 때문이다. 사리를 분별할 수 있는 나이(보통 만 14세 이상)에 세례를 받는 것도 이 요구를 수용한다는 표시다.

이름과 요구

바울은 이스라엘 민족이 출애굽 때 "다 구름 아래에 있고 바다 가운데로 지나며 모세에게 속하여 다 구름과 바다에서 세례를" 받았다(고전 10:1-2)고 말하면서 이 점을 밝혀준다. (NEB 영어 성경은 "모세에게 속하여"를 "모세와 동행하며"로 번역했다. 이는 하나님이 보내신 지도자를 순순히 따라 갈라진 바다를 통과하고 구름이 인도하는 곳으로 나아감으로써 세례를 받았음을 나타낸다.) 바울은 자신이 회심시킨 사람들에게 이렇게 말한다. "바울의 이름으로 너희가 세례를 받았느냐"(고전 1:13). 그러므로 바울의 명예를 위해 싸우지도 말고, 배타적인 충성을 보이지도 말라고 환기하면서 이 점을 더욱 명확히 밝혀준다. 이 구절로 미루어보아 바울에게 세례란, 공적인 충성 서약이다. 영국국교회 기도서의 표현대로 하자면 평생 "그리스도의 충성스러운 병사요 종"이 되는 입대 의식이다.

이 서약과 관련하여 그 뜻을 아주 명확히 밝혀주는 것이 요한복음 10장이다. 여기에서 예수께서는 자신을 목자로, 우리는 그분을 따르는 양의 무리로 묘사했다. 선한 목자는 자기 양보다 앞서가고, 풀을 먹이며, 양을 보호한다(4, 9, 11절 이하). 양은 목자가 인도하는 대로 따른다. 이것이 양의 본분(3절 이하)이라고 예수께서는 말씀하신다.

반복되는 신약의 주제는 예수께서 앞서가시며 영광에 이르는 길 곳곳에 우리를 위해 안내표를 해두신다는 것이다. 양을 집으로 인도하는 선한 목자의 개념이 바로 이것이다.

예수의 사역을 바라보는 전통적인 방식은 구약의 기름 부음을 받은 세 직책인 선지자와 제사장, 왕으로 보는 것이다. 하나님과 관련한 선지자의 가르침은 전적으로 하나님이 주셨다. 선지자로서의 예수께서는 생명에 이르는 길을 알려줌으로써 양을 인도하는 선한 목자이시다. (예수님의 가르침을 알려면 복음서를 읽어라.) 하나님과 교제하는 기쁨을 우리에게 선사하기 위해 예수께서는 하나님과 우리 사이에 계시면서, 자신을 우리 죄의 희생 제물로 내어주셨다. 지금도 하늘에서 우리를 도우시는 제사장이며, 목숨을 버려 양을 구하는 선한 목자의 역할을 하신다. (요 10:11, 15, 17 이하, 예수의 제사장 되심을 알려면 히브리서를 읽어라.) 또 예수께서는 우리의 환경과 양심과 행동의 주인인 왕이시다. 예수께서는 모든 악에서 자기 양을 지키는 선한 목자이시다. (예수의 왕국에 대해 알려면, 요한계시록을 읽어라.)

따라서 예수의 이름으로 세례를 받은 사람은 모두 예수를 따라야 한다. 그는 하나님의 메시지를 전하는 이로서 예수께 주의를 기울여야 한다. "이는 내 사랑하는 아들이요 내 기뻐하는 자니 너희는 그의 말을 들으라"(마 17:5). 그는 하나님의 중보자이신 예수를 신뢰해야 한다. "내게로 오라 내가 너희를 쉬게 하리라"(마 11:28). 그는 자기 주인이신 예수께 순종해야 한다. "너희는 나를 불러 주여 주여 하면서도 어찌하여 내가 말하는 것을 행하지 아니하느냐"(눅 6:46).

당신과 나는 세례를 받았다. 우리는 이렇게 살고 있는가?

새로운 사회

이것이 전부가 아니다. 예수를 우리의 목자로 인정함으로써, 우리는 우리 자신을 그분의 양 떼, 곧 '예수의 백성'이라는 이름에 부합하는 공동체인 교회에 속했다고 단언한다. "우리의 시민권은 하늘에 있는지라"(빌 3:20), 즉 우리는 하늘의 시민이기 때문에 우리는 같은 동포이다. "너희는 다 형제"(마 23:8)라는 말씀처럼 우리는 하나님의 가족이며 형제이다. "우리가 서로 지체"(엡 4:25)이고 "다 그리스도 예수 안에서 하나"(갈 3:28)이기 때문에, 우리는 그리스도의 몸의 지체다.

따라서 세례는 사회성을 함축하고 있다. 서로 아끼는 생활, 그리스도를 섬기는 '몸의 생활'에 참여하는 것은 세례 받은 자 모두의 규범이 되어야 한다. (이 점에 관하여는 롬 12:4 이하, 고전 12:4

이하, 엡 4:7-16, 벧전 4:10 이하를 보라.) 교회에서 사람들을 멀리하며, 친하게 지내지 않거나, 책임을 회피하는 등의 독단적인 처신은 성찬의 의미를 거부하는 것이라고 비난받을 때가 많은데, 세례의 의미 또한 거부하는 것이라고 여겨도 좋다. 이제 이 점이 명확한가? 동료 그리스도인들을 적극적으로 사랑함으로써 자기가 받은 세례의 의미를 알고 실천하기로 결단했는가?

더 읽을 말씀

- 예수께서 제자들에게 요구하시는 것: 누가복음 9:57-62, 14:25-33, 요한복음 13:1-17

복습과 적용

- 어떤 점에서 세례는 한 가지 삶의 방식의 끝이며 다른 삶의 방식의 시작인가?
- 세례를 입대 의식으로 간주하는 것은 왜 옳은가?
- 세례는 '몸(교회)의 생활'과 어떤 관계가 있는가?

6장 세례와 씻음

예수께서 우리에게 남긴 두 가지 성례는 씻고(세례) 식사하는(성찬) 일상적인 생활의 단편이다. 예수께서 일상적인 두 가지의 일을 선택하여 구원하시는 은혜의 표로 삼으신 것은, 마치 씻지 않거나 먹지 않으면 육체의 건강이 나빠지는 것처럼, 이 둘에 해당하는 세례와 성찬이 없다면 영혼이 건강할 수 없다는 것을 알려주시기 위함이다.

죄를 씻어냄

복음적인 견지에서 볼 때 몸을 씻는 일에 해당하는 것은 무엇인가? 죄라는 오물과 쓰레기를 씻어내는 것이다. 이 "하늘의 씻음"(영국국교회 기도서의 표현)이 없으면, 우리의 거룩한 창조주께서는 우리를 받아들이지 않으실 것이다. 자녀가 손을 씻기 전에는 식탁에 앉히지 않는 부모처럼, 하나님은 우리가 더러운 것을 씻어내기 전에는 그분의 식탁, 곧 그분과 친교를 나누는 자리에 우리를 앉히지 않으신다.

사랑하지도 사랑스럽지도 않은 우리의 삶 곳곳에서 발견되는 교만, 이기심, 비열함, 아집은 하나님께 불결하고, 불쾌하고, 혐오스러운 것이다. 으레 청결하리라고 생각하는 장소가 불결한 상태일 때 우리가 나타내는 반응은 어떠한가? 마찬가지다. 하나님도 그것에 진저리 치신다는 것을 깨달아야 한다. 당신이 레스토랑에서 음식을 주문했는데, 닦지 않은 것이 분명한 접시에 음식이 담겨 나온다면, 당신은 역겨움을 견디지 못하고 그 접시를 밀어낼 것이다. 우리 창조주의 태도도 이와 유사하다. 성경에 따르면, 하나님의 법을 어기고 하나님을 배반하는 죄에 지배되는 사람을 대하는 우리 창조주의 태도 역시 단호하다고 말씀한다. 하나님은 분명한 거절의 표로 '진노'하신다. 심판의 날에 '의로우신 판단'으로 그 진노를 나타내실 것이다.

바울은 말한다. "하나님의 진노가 불의로 진리를 막는 사람들의 모든 경건하지 않음과 불의에 대하여 하늘로부터 나타나나니… 이 같은 일을 행하는 자는 사형에 해당한다고 하나님께서

정하심을 알고… 하나님의 의로우신 심판이 나타나는 그날에… 하나님께서 각 사람에게 그 행한 대로 보응하시되… 악을 행하는 각 사람의 영에게 환난과 곤고가 있으리니"(롬 1:18, 32, 2:5-6, 9).

예수께서 모든 제자에게 하신 세례 명령(마 28:19)에서 우리가 알 수 있는 첫 번째 가르침은 '하늘의 씻음'이 우리 모두에게 필요하다는 것이다. 그런데 이런 일을 좌시하는 태도를 보이는 사람이 있다. 즉, 우리의 죄와 더러움을 하나님이 얼마나 주목하시는지, 그분의 진노가 정말인지 의심하면서 씻음이 불필요하다고 생각하는 사람들이 있는데, 그런 사람들에게 대항하는 뚜렷한 증거가 바로 세례이다. 하지만 세례는 그 이상을 보여준다! 세례는 '하늘의 씻음'이 현실이 될 수 있다('하늘의 씻음'을 개인이 체험할 수 있다)는 것을 보여준다.

예수의 피, 믿음, 세례

씻음은 중요하다. 씻음에는 용서로 죄책이 소멸되는 것, 죄의 지배를 깨뜨리는 일이 포함된다. 죄의 지배란 자기를 높이고 욕망에 빠져서 우리의 모든 삶을 더럽히고 타락시키는 온갖 자극의 노예가 된 상태를 말한다. 이러한 노예 상태를 치료하는 것이 씻음 뒤에 오는 내적인 부활, 즉 중생이다.

이 씻음은 어떻게 가능할까? "그 아들 예수의 피가 우리를 모든 죄에서 깨끗하게 하실 것이다"(요일 1:7).

예수의 희생적인 죽음으로 "나를 죄로부터 이중으로 치료하여 주옵소서. 죄의식과 죄의 권세에서 나를 씻어주옵소서"라고 한 찬송시 작가 어거스트 톱레디(Augustus M. Toplady)의 기도는 옳다. 그리스도의 피(곧, 그분의 죽음의 권세)는 (우리를 지배하는 죄를 깨뜨림으로써) "우리들의 양심을 깨끗하게 해서, 우리로 하여금 죽은 행실에서 떠나서 살아 계신 하나님을 섬기게"(히 9:14, 새번역)한다. 예수께서는 이 내적인 씻음에 대해 베드로에게 이렇게 대답하신다. "내가 너를 씻어주지 아니하면 네가 나와 상관이 없느니라"(요 13:8).

그러면 우리는 언제 씻음을 받는가? 믿을 때, 다시 말해서 자신을 그리스도께 바칠 때다. 그러면 세례가 내적 씻음과 관계가 있는가? 세 가지 관계가 있다.

첫째, 세례는 내적 씻음을 상징적으로 '묘사'하며, 우리는 세례로 그것을 안다.

둘째, 세례는 내적 씻음을 눈으로 보여주는 '약속'으로, 그리스도를 믿는 사람은 누구나 씻음을 받는다는 것을 선포한다.

셋째, 세례는 내적 씻음을 공식적으로 '발표'하는 것으로서, 믿음을 가지고 세례 받는 사람이 정말로 씻음을 받았다는 것을 확인해준다. 베드로는 유대인들에게 "너희 죄사함을 위해"(행 2:38) 세례를 받으라고 촉구하고, 그 후 세례에 대해 "육체의 더러운 것을 제하여 버림이 아니요 하나님을 향한 선한 양심의 간구"(벧전 3:21)라고 정의했다. 아나니아가 바울에게 "이제는 왜 주저하느냐 일어나 주[예수]의 이름을 불러 세례를 받고 너의 죄를 씻으라"(행 22:16)라고 한 말도 세 단어, 즉 '묘사', '약속', '발표'로 이해해야 한다.

바울은 고린도 교회 교인들에게 너희가 "씻음"을 얻었다(고전 6:11)고 말했다. 그들처럼 당신도 씻음 받았는가? 당신 역시 영적 씻음을 받기 바란다.

더 읽을 말씀

- **죄의 더러움을 씻어냄:**

  묘사된 곳 - 열왕기하 5:1-14

  약속된 곳 - 에스겔서 36:22-32

  실현된 곳 - 디도서 2:11-3:8

복습과 적용

- 죄는 이 장에서 어떻게 표현되는가? 그 의미는 무엇인가?

- 왜 우리는 용서 이상의 것이 필요한가?

- 영적 씻음이 없다면 그리스도와 교제를 누릴 수 없는 이유는 무엇인가?

7장 그리스도와의 연합

도덕을 실천하고 교회를 유지하는 것 이외의 것이 기독교에 있는가? 많은 사람들이 이 정도의 수준에서 기독교를 생각한다. 하지만 기독교에는 그 이상의 것이 있다. 기독교란 하나님, 사람, 사물과 새로운 관계를 형성하는 새로운 삶이다. 그 삶은 하나의 근원에서 솟아난다. 그리스도인과 그의 주인인 예수 그리스도 사이의 독특한 결합(연합)이 바로 그 근원이다.

이 결합은 신약에서 아주 확실하게 나타난다. 하지만 그 결합에 대해 이야기하는 용어는 우리를 당황하게 만들어서 그 의미가 좀처럼 쉽게 다가오지 않는다. 그리스도와 하나 된다는 말은 너무 강한 표현처럼 느껴진다. 바울은 "우리 생명이신 그리스도"(골 3:4)께서 "이제는 내가 사는 것이 아니요 오직 내 안에 그리스도께서 사시는 것이라"(갈 2:20)라고 말한다. 또 바울은 모든 것을 그리스도 안에서 행하고 경험하는 그리스도인에 대하여, 그리고 그리스도로 옷 입은 세례 받은 사람에 관하여 말한다(갈 3:27). 예수께서도 "내 안에 거하라 나도 너희 안에 거하리라… 나는 포도나무요 너희는 가지라"(요 15:4-5)라고 말씀하신다. 도대체 어떤 종류의 결합이기에 바울과 예수께서 이런 식으로 말할까?

이중의 결합

이 결합에는 두 측면이 있다. 개별적으로 다뤄보자.

첫째, 이 결합은 예수의 인격과 관련이 있다. 즉, 그분의 제자가 되는 것이다. 복음서의 예수께서는 부활하시어 지금도 실제로 살아 계신다. 성품, 태도, 관심사 등 예수께서는 지상에 계실 때와 똑같으시다. "예수 그리스도는 어제나 오늘이나 영원토록 동일하시니라"(히 13:8). 그리고 제자들에게 요구하신 것을 지금 우리에게도 요구하신다. 온전한 충성과 사랑을 바치고, 그분께 배우며, 신실한 마음으로 순종할 것을 요구하신다. 우리 자신을 부인하고, 모든 면에서 그분의 뜻과 일치하기를, 그리하여 우리의 모습이 곧 예수의 모습이 되기를 요구하신다.

둘째, 이 결합은 신학자들이 '그리스도 사건'(the Christ-event)

이라고 부른 것과 관련이 있다. 우리는 이것을 다음과 같이 이해해야 한다.

하나님의 영원한 아들이 육체를 입어 예수 그리스도가 되셨고, 우리 죄를 사하기 위해 십자가에 못 박혀 죽임을 당했다. 그러나 부활하여 영원한 육체의 삶을 다시 시작하셨고, 승천하여 다시 하늘의 영광에 들어가셨다. 이것이 그리스도 사건이다. 이 사건은 2천 년 전에 팔레스타인에서 실제로 일어난 역사적인 사건이다. 그러나 다른 사건들처럼 시공간이라는 제약에 얽매이지 않았다는 점에서 역사를 초월하는 사건이기도 하다. 본질적으로 이 사건은 어떤 시간, 어떤 장소의 어떤 사람과도 연결이 된다. 예수에 대한 믿음으로 그 일이 가능해진다. 그래서 믿은 사람들은 이 사실만으로도 실제로 죽었다가 다시 살아나서, 지금 예수와 함께 살고, 예수의 통치를 받고 있다. ('그리스도 안에서'라고 할 때, '안에서'란 말은 그리스도와 '함께', 그리고 그리스도를 '통해'가 합쳐진 의미임에 주의하라.) 이것이 예수와 우리의 결합이 가져오는 한 측면, 즉 새롭게 창조되는 측면이다.

우리는 두 측면을 각각 분리해서 살펴보았다. 두 가지 모두 명확히 이해하기 위해서다. 곡을 익히는 피아니스트가 처음에는 오른손 악보를, 그 뒤 왼손 악보를 익히는 것과 비슷하다. 그러나 온전한 악보를 반영하여 제대로 된 음악을 연주하기 위해서는 두 손을 동시에 사용해야 하는 것처럼, 우리도 예수와의 결합을 성경에 입각하여 확실히 하기 위해 그 두 측면을 지적으로 융합해 보아야 한다. 그리스도 사건의 능력은 우리가 믿는 예수 안에 있으며, 예수께서는 우리를 구원하시어 하나님과 올바른 관계에 두신다. 그뿐 아니다. 예수 자신의 죽으심과 다시 사심, 다스리심에 플러그를 꽂듯이 우리를 꽂으신다. 그리하여 우리는 그분과 즐거이 친교를 누리며 산다. 그분이 죽으시고 우리가 그것을 믿음으로 의롭다 함을 받은 것을 알고, 그 결과 죄의 지배에서 자유로워지고, 그분의 죽으심과 다시 사심이 우리 안에서 발휘하는 변화의 능력을 통해 천국을 미리 맛본다.

이로써 형언하기 어려운 진리를 간략히 설명해보았다. 이것을 고전적으로 설명한 것이 로마서 6-8장, 골로새서 3장이다. 이 두 본문은 더 공부해야 할 부분이다.

세례와 연합

세례는 이 모든 것과 직접적인 관계가 있다. 세례 받는 사람을 일시적으로 물아래 잠기게 하여 죄를 씻어냈다는 것과 그리스도와 함께 죽었다가 그리스도와 함께 다시 살아났다는 것, 그래서 죄의 사슬에서 자유를 얻었다는 것을 모두 나타낸다. 바울은 이렇게 말한다. "무릇 그리스도 예수와 합하여 세례를 받은 우리는 그의 죽으심과 합하여 세례를 받은 줄을 알지 못하느냐 그러므로 우리가 그의 죽으심과 합하여 세례를 받음으로 그와 함께 장사되었나니 이는 아버지의 영광으로 말미암아 그리스도를 죽은 자 가운데서 살리심과 같이 우리로 또한 새 생명 가운데서 행하게 하려 함이라"(롬 6:3-4).

기독교의 본질과 핵심을 알고 싶어하는 사람이 있거든 그 사람에게 세례를 소개하라. 세례는 모든 것을 새롭게 하시는 살아 계신 주님과의 연합을 두 가지 측면에서 동시에 선포하고 있다.

더 읽을 말씀

- 성자 하나님 안의 삶: 요한복음 6:35-59, 16:1-11, 고린도후서 5:14-21, 갈라디아서 3:23-29

복습과 적용

- 기독교는 기본직으로 도덕의 문제인가, 관계의 문세인가? 답해 보고 그 이유를 설명하라.

- 예수 그리스도는 언제나 변함이 없으시다는 사실은 예수의 제자가 되는 것과 관련하여 우리에게 무엇을 말해주는가?
- '그리스도 사건'이 역사를 초월한다고 말하는데 그 의미는 무엇인가? 이 사실이 당신에게 암시하는 바는 무엇인가?

8장 세례와 성령

예수께서 공적 사역을 시작하시기 전에, 세례 요한은 자신의 물세례와 오실 이(예수)가 주실 성령세례를 비교해 말했다. "나는 너희에게 물로 세례를 베풀었거니와 그[예수]는 성령으로 세례를 베푸시리라"(막 1:8).

예수께서는 승천하시기 전 오순절을 앞두고, 이와 비슷한 말씀을 하셨다. "요한은 물로 세례를 베풀었으나 너희는 몇 날이 못되어 성령으로 세례를 받으리라"(행 1:5).

이 두 말씀의 요점은 성령세례와 물세례가 서로 반대되거나 성령세례가 물세례를 필요 없게 한다는 것이 아니다. 요한의 세례는 옛 언약의 시대에 속한 것인 데 비해, 그리스도가 성령을 부어주심(행 2:33 참조)은 예레미야 31장 31절 이하에 이미 예언했고, 또 예수께서 주의 만찬에서 선포하셨으며(고전 11:25), 히브리서 8장 8절부터 10장 25절에 걸쳐 자세히 설명한 것처럼 새 언약의 삶을 예고하며 모든 믿는 자가 이 삶을 시작하게 하신다는 의미가 있다.

새 언약의 선물

새 언약의 삶이란 무엇인가? 그것은 예수 그리스도의 영광 안에서 그리스도와 친교를 나누는 것이며, 그 예수를 통해 우리의 아버지가 되신 하나님과 친교를 나누는 것이다. 나아가 그분의 대속의 죽음(용서, 화평, 영접, 양자 삼음)과 그분의 부활하신 삶(현재의 도움, 영원한 소망)을 공유하는 것이다. 이런 삶을 주시는 것이 오순절 이후 성령의 독특한 사역이다.

오순절 이전에도 창조의 대행자(창 1:2), 선지자들을 감동시키신 분(벧후 1:21), 예수의 사역을 가능케 하신 분(눅 3:22, 4:14, 18)으로서 성령은 이미 활동하고 계셨지만, 요한복음 7장 39절은 "예수께서 아직 영광을 받지 않으셨으므로 성령이 아직 그들에게 계시지 아니하시더라"라고 단언한다. 요한복음 기자가 이렇게 단언한 이유는 오순절 이후 성령의 유례없는 독특한 사역에 주목했기 때문이다. 그는 성령께서 이미 여러 사역을 수행했지만, 십자가에 죽으시고 부활하신 예수께서 우리의 주님이시라는 것을 사람들 마음에 알리기 시작한 것은 부활과 승천으로 그분이 영광을 받으신 후라는 사실을 중시했다.

신약 기자들이 성령 받은 사람들에 대해 언급할 때, 그들은 이제 새 언약을 경험하는 시기로 들어섰다고 생각했다. 사람들은 이 새 언약으로 진입하면서 찬양과 증거(때로는 방언이나 예언 등)로 기쁘고 담대하게 자신을 표현한다(행 2:38, 8:15, 10:47, 19:2; 롬 8:15; 갈 3:2을 보라). 그리스도를 고대했던 구약의 신자들은 이런 의미에서 성령을 받지 못했다. 그러나 좀 더 다른 의미, 좀 더 근본적인 의미에서 그들도 성령을 받았다고 주장해야 마땅하다. 구약시대에 행한 회개와 하나님의 자비에 대한 응답 역시 성령께서 가르치고 일으키신 일이기 때문이다. 이것은 사도행전 8장 15절 이하의 말씀에도 불구하고 사마리아 사람들이 베드로와 요한이 도착하기 전에 이미 성령께서 깨우치시는 역사를 받았던 것과 같다.

성령에 대해 말씀하는 신약의 언어는 새 언약의 경험에서 생겨났으며 당연히 그 경험에 초점이 맞춰져 있다. 따라서 성령에 대한 좀더 근본적인 관점은 잘 나타나지 않는다. 다만 새 언약의 경험으로 알 수 있는 회개와 믿음이 하나님의 선물(행 5:31, 11:18;

엡 2:8)이라고 밝히는 정도다.

그러면 '성령세례'는 무엇인가? 사도행전 1장 5절에 나오는 예수의 말씀에 따라 정의해보자. 성령세례란, 성령이 새 언약의 사역을 어떤 사람 안에서 시작하기 위해, 그 사람에게 오시는 것이다. 예수의 제자들이 성령세례를 받은 때는 오순절이었다. 물론 그들이 믿음을 가진 것은 오순절보다 훨씬 전이었다. 그 후 다른 모든 이들에게는 회심 때 이 세례가 일어난다. 오늘날 회심 이후의 어떤 경험을 가리켜서 '성령세례'라고 부르기도 하는데, 그것은 이름을 잘못 붙인 것이다.

하나님의 가족이 됨

오순절 이후 하나님이 계시하신 뜻에 따라 하나님의 가족 구성원이 되는 데에는 세 가지 요소가 관건이 된다. 회개와 믿음, 세례, 새 언약의 사역을 위한 성령의 오심(행 2:3; 롬 8:9 이하; 엡 1:13 이하 참조)이다. 그 순서는 다양하다. 분명 오순절에는 믿음-세례-성령의 오심 순서였고(행 2:38-42), '이방인의 오순절'에는 성령의 오심-믿음-세례 순서였으며(10:44-48), 갈라디아에서는 믿음-성령의 오심-세례 순서였다(갈 3:2). 그리고 유아기에 세례를 받은 최근 수세기 동안의 그리스도인들에게는 세례-믿음-성령의 오심 순서였다. 그러나 순서는 중요하지 않다. 우리와 예수 그리스도 안에 이 세 가지 결합, 즉 믿음, 세례, 성령의 오심이 실제로 있어야 한다.

바울이 "우리가… 다 한 성령으로 세례를 받아 한 몸이 되었다"(고전 12:13)고 말할 때, 그는 물세례와 성령의 선물을 그리스도의 한 가지 활동, 즉 우리를 자신에게 접붙이시는(바울의 개념, 롬 11:17-24) 활동의 상호보완적인 두 측면으로 생각한다. 따라서 성령을 받은 회심자들은 세례를 구해야 하고, 세례 받은 사람들은 성령 받기 위해 회심을 구해야 한다! 우리의 생명을 위해 하나님이 계시하신 뜻에는 물세례와 성령세례가 연결되어 있다. 우리 중 누구도 이 둘을 따로 떼어서 생각하거나 행동해서는 안 된다.

더 읽을 말씀

- 성령 충만: 사도행전 6:1-10, 에베소서 5:15-20
- 그리스도의 몸을 이루게 하는 성령: 고린도전서 12:1-13

복습과 적용

- 새 언약은 무엇인가? 자신이 새 언약에 포함되었다고 믿는가? 그 이유는 무엇인가?

- 구약의 신자들은 어떤 의미에서 성령을 받지 못했고, 어떤 의미에서 성령을 받았는가?

- 성령세례는 무엇인가? 그것은 그리스도의 몸과 어떤 관계가 있는가?

9장 기독교의 기본 진리

그리스도인은 교리와 경험과 실천의 혼합체로 머리, 가슴, 다리가 모두 관련되어 있다. 실천이 없는 교리와 경험은 나를 지적으로나 영적으로 꼼짝하지 못하는 마비환자로 만든다. 교리 없는 경험과 실천은 나를 부지런하고 영적이지만 졸면서 걷는 사람으로 전락시킬 위험이 있다. 내 안에 그리스도의 모습이 자리하려면 교리, 경험, 실천이 모두 있어야 한다.

창조주 하나님은 물질적 실체, 즉 자연질서와 예수의 육체, 지정하신 상징을 통해 자신을 알리시는데, 기독교는 그런 상징 가운데 하나가 세례라고 주장한다. 종종 기독교를 왜곡하고 잘못 이해하는 사람들이 있다. 열 사람에게 기독교를 정의해보라고 하면, 아마 열 사람 모두 다르게 답할 것이다. 그러나 예수께서 정하신 세례는 필수적인 교리와 경험, 실천이 무엇인지 뚜렷이 증거한다.

삼위일체

세례가 제시하는 교리는 사람과 언약을 맺으신 삼위일체 하나님에 관한 교리다. 예수께서는 "아버지와 아들과 성령의 이름으로" 세례를 베풀라고 지시하셨다(마 28:19). 성경에 자주 나오듯이 '이름'은 '인격적인 존재'를 의미한다. 또 여기에 단수로 나온 것으로 보아 삼위(三位)가 세 하나님이 아니라 본질이 하나인 한 하나님을 나타낸다는 사실도 알 수 있다. 이름'으로'(in)는 각 삼위 하나님과 우리 사이에 성립하는 관계를 보여준다.

삼위일체는 기독교 교리 가운데 가장 경이롭고, 어렵고, 독특한 교리다. 다른 모든 형태의 하나님에 대한 믿음과 완전히 구별된다. 삼위일체 교리는 복음의 근간이자 기독교의 진리 가운데 가장 근본이다. 성경에 따르면 구원을 이루어주시는 것도 바로 삼위가 협력한 결과이다. 이것을 자세히 살펴보자.

성부 하나님은 자기 아들을 우리의 희생 제물로 삼으시고(벧전 1:20), 죄인들을 자기 백성으로 선택하는(엡 1:4) 구원 계획을 세우셨고, 지금도 그 계획을 성취하신다. 성자 하나님은 아버지의 뜻을 따라 육체를 입으시고, 십자가에서 우리의 죄 값을 치르신후(요일 4:9 이하), 부활하여 영원히 죽음을 이기고 우리를 구원했다. 이제 그분은 자기 백성을 위해 중재하신다(롬 8:27; 히 7:25). 다시 말해, 그분이 자기 백성을 위해 얻으신 모든 것을 그 백성이 받을 수 있도록 그들을 위해 활동하신다는 것이다. 성부와 성자가 보내신(요 14:26, 15:26) 성령 하나님은 우리를 거듭나게 하여 재창조하시고(요 3:5 이하; 고후 5:17), 믿음에 의해 그리스도를 알도록 우리를 인도하시며(엡 1:17 이하, 3:16 이하), 우리를 그리스도와 같은 모습으로 변화시키신다(고후 3:18).

성자나 성령의 신성(神性)을 부인하면, 그 위격의 사역을 의심하게 되고 그러면 구원은 폐기되고 만다. 그러므로 그리스도는 아버지와 아들과 성령의 이름으로 세례를 베풀라고 하셨으며, 우리가 헌신하는 하나님이 삼위일체의 하나님임을 단언한다. 또 그렇게 함으로써 근본적으로 복음을 보호한다.

의롭다 함

세례가 묘사하는 경험은 더러운 것을 씻어버리고 떠나는 것이다. 다시 시작하기 위해, 자신이 저지른 잘못을 씻어내는 것이다. 씻음과 부활이라는 이중적인 상징이 이를 선포한다. 세례는 우리가 예수의 피를 믿으면, 하나님이 우리를 용서하고 받아주신다는 복음의 메시지를 나타낸다. 다시 말해, 세례는 믿음으로 말미암아 의롭다 함을 받는다(바울의 표현, 롬 3:21-5:21; 갈 2:15-3:29)는 메시지를 나타낸다.

도덕에 어긋난 잘못을 저지르는 일은 우리에게 보편적인 사실이 되었다. 대체로 인간은 죄의식이나 수치를 느끼는 일, 양심이 더럽혀지고 비난받는 일을 어렵지 않게 경험한다. 그렇다면 우리의 양심은 한 번이 아니라 날마다 씻어낼 필요가 있다. 만일 세례가 상징하는 바를 경험하지 못했다면, 다른 누구보다 자기 실체를 명확히 아는 사람은 도무지 살아갈 수 없으리라. 더러워지면 나는 곧 생명의 샘으로 나아가 이렇게 외친다. "구주여, 나를 씻어주소서. 그렇지 않으면 내가 죽겠나이다."

회개

세례가 가리키는 실천의 길은 회개의 본질인 변화에 동의하는 것이다. 세례를 베푸는 것은 자신이 아니라 목회자다. 목회자가 나를 물에 넣거나 머리 위에 물을 적신 후, 나를 물에서 나오게 한다. 이것은 참회와 자기부정, 즉 그리스도의 길을 달리기 위해 자기 인생의 고삐를 그리스도께 맡기는 것을 나타낸다. 모든 사람에게는 당연히 자기주장과 고집이 있다. "변화하느니 차라리 파멸에 이르고 말겠다"고 말하는 오든(W. H. Auden, 1948년에 퓰리처상을 수상한 영국의 시인이자 극작가-옮긴이)의 대사가 너무 심하다고 느껴지는가? 그러나 이것은 사실이다. 그렇기 때문에 그리스도에 의한 변화를 기꺼이 받아들이는 일(이것은 마음의 자연적인 상태가 아니라 은혜의 선물이다)은 모든 참된 그리스도인이 실천할 근본적인 요소다.

세례는 기독교의 근본적인 원칙, 곧 교리, 경험, 실천을 직시하고 그 상태를 유지할 것을 우리에게 요구한다. 이것이야말로 세례가 주는 본질적인 축복 가운데 중요 부분이다.

더 읽을 말씀

- 교리, 경험, 실천: 로마서 6:15-7:6

복습과 적용

- 세례는 삼위일체 교리와 어떤 관계가 있는가?
- 세례에서 우리는 어떤 이중적인 상싱을 보는가? 그리고 그것은 우리의 어떤 점을 말해주는가?

- "변화하느니 차라리 파멸에 이르고 말겠다"는 말에 세례는 어떤 도전을 주는가?

10장 유아세례

세례와 관련하여 교회가 분열하는 불행한 사건이 벌어지기도 한다. 모든 유아에게 세례를 주는 것을 지지하는 사람은 없다. 그러나 대부분의 교파에서는 세례 받은 자의 자녀에 한해서는 세례를 베푼다. 그러나 성인세례만을 주장하는 사람들은 이것을 세례가 아니라고 강조한다. (유아는 신앙고백을 할 수 없기 때문이다.) 혹은 비정상적인(그들의 말에 의하면, 이것은 명백히 사도적이지도, 목회적이지도 않기 때문에) 세례로 간주한다. 어떤 이들은 성경에 유아세례에 대한 명령이 없기 때문에, 유아세례는 하나님이 금하신 것이라고 주장한다. 이들은 세례를 받는 사람이 자신의 입으로 신앙을 고백할 때까지 세례를 미루는 것이 최선이라고 주장한다. (여기서 내가 '성인세례만을 주장하는 사람들'이라고 말할 때, 나는 침례교를 비롯하여 신앙고백을 할 수 있는 자에게만 세례를 주는 모든 기독교 교파나 개인을 총칭하는 것이니 이 점에 유의하기 바란다.)

반면, 어떤 이들은 하나님이 신자의 유아에게 세례를 주라고 명령했다는 것을 언약신학에서 추론해낸다. 그보다 더 많은 사람들은 유아세례가 교회에서 확립되었지만, 다른 어떤 대안보다 더 나은 신학적 근거와 역사적·목회적 근거를 가지고 있기 때문에 "그리스도가 세우신 것과 대체로 일치한다"(영국국교회 교리문답 27조)고 봐야 한다고 주장한다.

우리는 이 문제를 어떻게 생각해야 하는가? 이 점들을 심사숙고해보자.

지나친 논쟁

첫째, 이 문제를 두고 양쪽에서 많은 사람이 지나친 논쟁을 벌이는 것 같다. 성경은 유아세례를 명하지도 금하지도 않으며, 우리는 성경의 기자들을 인도하신 거룩한 저자(하나님)가 어느 한쪽을 택했다고 가정해서도 안 된다.

새 언약 아래 있는 신자의 자녀들이 부모를 따라 "거룩하다"(하나님께 바쳐졌고 받아들여졌기에, 창세기 17:9-14과 고린도전서 7:14을 보라)고 하는 바울의 주장은 남자아이의 할례와 밀접한 관련이 있다. 옛 언약에서 하나님이 할례를 명령하셨으므로 성경을 믿는 많은 그리스도인들은 유아세례를 옳은 것으로 생각한다. 하나님이 이전에 명령하신 할례(사내아이를 위한 그 당시 언약의 표)가 하나님의 언약에 기초한 부모와 자녀의 결속을 근거로 하는 것이라면, 그리고 그것이 불변하는 사실이라면, 새 언약의 표인 지금의 유아세례를 부인하는 것은 옳지 않다.

게다가 유아세례는 매우 사도적인 관습이었다. 루디아의 '집', 빌립보 간수의 '집', 스데바나의 '집'은 식구 전체가 세례를 받았는데, 빌립보 간수는 그 후 몇 시간도 안 되어 회심을 경험한다(행 16:15, 33; 고전 1:16). 한 집안의 가장이 회심했을 때 온 식구가 세례를 받는 것은 그 당시 일반적인 모습이었으며, 유아도 여기에 포함되었다고 추론하는 것은 지극히 당연하다. 원칙적으로 유아가 제외되었다면 누가와 바울이 아무런 자격 제한 없이 그냥 '집'이라고 말했을 리 없다.

오늘날 유아세례가 분명히 정당하다고 하더라도, 그것은 하나님의 명령이라기보다는 신학적 타당성과 명백한 전례(前例)에 의한 것이므로, 거의 하나님의 명령으로 보아야 한다고 여기는 정도에서 그쳐야 한다. 그러나 이와 동시에 유아세례를 반대하는 주장을 펼쳐서도 안 된다. 예를 들자면 이렇다.

첫째, 세례는 반드시 믿음의 고백이 전제되어야 한다는 주장이다. 하지만 신약 어디에서도 이런 단언적 주장을 찾아볼 수 없다. 신약과 성경시대 이후 세례를 시행하던 관습을 보면, 믿음을 고백하지 않는 성인에게 세례를 베푼 사례가 없는데, 이런 사실을 근거로 잘못 추론한 데서 이런 주장(유아에게는 절대로 세례를 베풀 수 없다)이 나왔다.

둘째, 세례 받은 유아는 신앙고백을 요구받지 않게 된다는 주장이다. 하지만 세례 때 유아의 보증인이 되는 부모와 대부모(代父母)는 그 유아를 참된 회개와 믿음으로 이끌어 사리를 분별하는 나이가 되었을 때 그 아이가 직접 회개하고 믿음을 고백하게 한다. 입교식이나 견신례의 중심에는 그가 직접 믿음을 고백하도록 요구하며 성인 교인으로 맞아들이는 순서가 있다. 다시 말하면 유아세례를 받았더라도 성인이 되었을 때, 회심하는 과정이 필요하다.

셋째, 유아세례는 믿음 없이도 중생하고 구원 얻는다는 잘못된 생각을 부추긴다는 주장이다. 성인세례만을 주장하는 사람들은 세례 후 "보라. 이제 이 아이가 새로 태어났다"라는 영국국교회 기도서의 선언이나 "세례를 받음으로써… 나는 그리스도의 백성, 하나님의 자녀, 하늘나라의 상속자가 되었다"고 하는 영국국교회 교리문답의 진술에 머리를 내젓는다. 그러나 이 문구는 영적인 권리와 특권을 예전적(禮典的)으로 부여한다는 것을 표현한다. 이 영적 권리와 특권이 장차 효력을 발휘하려면, 그리스도를 믿는 믿음으로 확증되어야 한다. 오래전에 대주교 어셔는 이렇게 말했다. "세례를 통해 하나님이 주신 것을 이해하게 됐을 때에야, 그리고 믿음으로 그것을 붙잡았을 때에야 비로소 나는 은혜로운 약속인 세례에서 유익을 얻는다."

목회 차원

성인세례주의자들은 하나님이 가르쳐주신 교회는 오직 믿음을 고백하는 자들의 모임이라고 표현한다. 그래서 유아를 봉헌(유아세례를 주장하는 이들의 관점에서 보면 '무미건조한 세례')한 뒤, 일정한 나이가 되었을 때 세례를 준다. 새 언약에 나타난 가족의 성경적 결속을 강하게 나타내고 싶어하는 다른 개신교도들은 유아세례를 준 뒤, 일정한 나이가 되었을 때 입교식 또는 견신례(성인세례주의자들의 관점에서는 '무미건조한 세례')를 행한다.

　유아세례를 주장하는 사람들과 성인세례를 하는 사람들이 서로 존중하며 협력하는 것은 결코 어렵지 않다. 성경에 비추어보거나 목회 차원에서 볼 때, 감사하게도 이 두 관습은 의미상 서로

배치되지 않는다. 방향도 같고 서로 비슷하다.

더 읽을 말씀

- 아이들을 향한 하나님의 은혜: 사무엘상 3장, 누가복음 2:5-25, 에베소서 6:1-4

복습과 적용

- 할례와 세례에는 어떤 유사점들이 있는가? 그 유사점들은 유아 세례를 얼마나 정당화하는가? 다르게 생각하는 사람들에게 당신은 자신의 견해를 어떻게 피력하겠는가?

- 유아에게는 기대할 수 없어도 세례 받는 성인에게는 반드시 요구해야 하는 것은 무엇인가?

- 유아세례를 받은 아이에게 그 예식이 상징하는 영적 유익이 반드시 돌아오는가? 그 이유나, 혹은 그렇지 않은 이유는 무엇인가?

11장 입교식

전통적인 교파들에서는 유아세례를 받은 사람에게 입교식(영국 국교회나 루터교회에서는 견신례-옮긴이)을 행하여 거룩한 교제권 안으로 그를 받아들인다. 전통적으로 목사나 감독은 입교문답을 받는 사람의 머리에 손을 얹고 성령이 그를 견고하게 해주시기를 기도한다. 이것은 무엇을 의미하는가?

거짓 흔적

우선 입교식(견신례)이 성령의 내주, 성령의 각양 은사, 거듭나게 하고, 성화(聖化)시키고, 확증하는 성령의 사역이 입교식을 행하는 사람 안에서 그때까지 이루어지지 않았다는 것을 의미하지는 않는다. 입교식을 통해 성령을 받고 성령이 주시는 유익을 얻는다는 의미도 아니다. 일반적으로 그렇게 생각하는데 그 생각은 중세의 잘못된 믿음을 반영하는 참으로 미신적인 것이다. 중세에는 견신례가 베드로와 요한이 사마리아 사람들이 성령 받기를 기도한 후 그들에게 안수할 때(행 8:14-17) 시행한 성례라고 믿었으며, 성례란 통상 성례가 의도하는 복을 전달하는 유일한 방편이라고 믿었다.

그러나 이런 믿음은 옳지 않다. 신약에는 세례와 성찬, 오직 두 가지 성례만 있으며, 세례와 성찬은 하나님이 특정한 복을 신자들에게 보증해주는 표로 묘사되어 있다. 베드로와 요한이 사마리아 사람들에게, 바울이 에베소의 제자들에게, 안디옥교회의 지도자들이 바울과 바나바에게(행 19:6, 13:4), 바울과 이름을 알 수 없는 장로가 디모데에게(딤후 1:6; 딤전 4:14) 그랬던 것처럼, 선한 의도와 관심의 표시로 기도받는 사람의 머리에 손을 얹는 동작(안수)은 성례가 아니다.

성경은 성례에 의해 신자들에게 상징되고 보증된 은혜의 선물은 성례와 상관없이도 받을 수 있다는 것을 보여준다. 칭의의 한 부분인 죄사함이 그 명백한 예다. 사도행전 2장 38절과 22장 16절, 로마서 3장 21절부터 5장 1절, 갈라디아서 3장을 서로 비교해보라.

분명 신약에 나타난 기독교 입문의 길은 '교회 안의 그리스도인'(Christian-in-the-Church)이 되는 것이다. 우리는 그리스도의 몸(교회)이라는 공동체 안의 지체로 구원받는다. 그렇지 않으면 전혀 구원이 없다. "홀로 이루어지는 구원은 없다."

　그리스도인이 되려면 우선 고백하는 믿음이 있어야 하고, 삼위일체 하나님의 이름으로 세례를 받고, 신앙공동체에 들어가야 하며, 성령을 받거나 성령에 의해 인증되는, 이 모든 일이 있어야 한다(행 2:38; 고후 1:22, 5:5; 엡 1:13, 4:30). 그러므로 어떤 사람들이 생각하는 것처럼, 입교식을 거쳐 성령을 선물로 받아 세례를 보완한다는 것은 사실이 아니다. 신약에서 세례는 성령의 선물을 포함하여 그리스도 안의 새 생명으로 들어가는 모든 차원을 의미한다(행 2:38; 고전 12:13). 반면 입교식은 그리스도인의 첫 출발과는 관계가 없는, 성경에 명시되지 않은 예식이다.

"예, 그렇습니다"

입교식이 단지 교회의 전통일 뿐이라면, 왜 그것을 시행하는가? 계속 시행할 가치가 있는가? 시행할 가치가 있다. 신학적인 이유와 목회적인 이유에서 그렇다.

　첫째, 유아세례에는 유아세례로 충족되지 않는 한 가지 요소가 있다. 즉, 교회 앞에서 본인이 직접 해야 하는 신앙고백이 빠져 있다는 점이다. 우리는 유아세례를 하나님의 뜻으로 여길 수 있다. 하지만 일정한 나이가 되어 신앙을 고백하는 것 역시 하나님의 뜻이다(이 점에서는 성인세례주의자들이 옳다! 로마서 10:9, 고린도전서 12:3, 디모데전서 6:12을 보라). 본인이 직접 믿음을 고백한다는 것은 '주의 몸'을 분별할 수 있음을 보여준다. 다시 말해 그는 성찬식에서 "이것은 너희를 위하는 내 몸이니"(고전 11:24, 29)라는 예수의 말씀의 의미를 이해할 수 있다. 따라서 스스로 믿음을 고백하는 사람에게는 믿는 자들만을 위한 성례에 참여할 수 있는 자격이 주어진다. 입교식은 예배의 중심 행위를 함께 나누기에 적합하다는 것을 확증한다.

둘째, 이 입교식을 통해 그리스도인으로 양육받고 보호를 받던 어린이가 권리를 가진 성인 교인으로 전환된다. 그가 갖게 되는 권리는 유아의 부모와 대부모가 대신 고백했던 믿음에 헌신할 것과, 마귀와 세상과 육신의 일을 거부할 것을 자신이 직접 고백하는 데서 비롯된다. 예를 들어 영국국교회 기도서 예식문에 보면, "당신이 유아로서 세례를 받을 때, 당신의 이름으로 했던 신성한 약속과 맹세를, 이제 여기 하나님과 회중 앞에서 당신이 직접 다시 새롭게 하시겠습니까?"라는 목회자의 질문이 있다. 준비된 대답은 "예, 그렇습니다"이다. 진지하기로는 결혼식 때 하는 대답만큼 의미심장하다. 그렇게 대답하는 소리를 듣고 그의 믿음을 확인한 다음 교회는 그가 서약한 바를 잘 지키고, 성령이 그 모든 것을 확증하시기를, 또 굳건히 하시기를 목회자와 함께 기도한다.

입교식은 서약으로 한층 의미심장해지며, 그리스도의 구원사역의 증인이 됨을 믿음으로 받아들이는 경건한 의식이다.

더 읽을 말씀

- 헌신된 고백자: 디모데전서 6:11-21, 디모데후서 1:8-14

복습과 적용

- 하나님의 은혜의 선물이 오직 성례를 통해 오는 것이 아님을 우리는 왜 깨달아야 하는가? 그것은 왜 중요한가?
- 직접 믿음을 고백하는 것은 왜 중요한가?
- 성례는 왜 믿는 자들만을 위한 것인가?

12장 세례와 소명

그리스도인이란 누구인가? 우리는 이 점을 세례를 통해 알 수 있다. 그리스도인이란 단순히 박애주의자가 되는 것이 아니다. 회심하고 살아 계신 그리스도께 헌신하는 사람이 되는 것이며, 그리스도의 피를 통해 죄를 씻고 다시 태어나는 사람, 이제는 그리스도의 영이 내주하시는 사람이 되는 것을 의미한다. 교회란 무엇인가? 다시 세례를 통해 알아보면, 교회란 단순히 동호회나 이익단체가 아니다. 그 주인과 결합하고 그 주인으로 인해 서로 연합된 신자들의 초자연적인 유기체로서, 그 주인을 머리로 하는 한 '몸', 한 몸의 '지체'다. 몸이 하나이고, 주님도 하나이고, 믿음도 하나인 것처럼, 바울은 세례도 하나라고 말한다(엡 4:4 이하). 믿음으로 주님과 연합했기 때문에 주님 안에서 한 몸이라는 것이 세례가 의미하는 바다.

'교인'(church member)이라는 말은 일반적으로 예배 공동체에 소속된 사람을 의미하며, '교파'(body of Christians)라는 말은 보통 기독교의 한 분파를 지칭한다. 그러나 신약은 교인이라는 말도 교파라는 말도 몰랐으며, 오직 '그리스도의 사람들'(members of Christ), '그 몸의 지체들'(members of his body)이라는 말만 알았다. 우리가 사용하는 용어는 성경에 근거한 말이겠으나 성경의 어법과 의미와 동떨어진 때도 있다. 성경에서 그리스도의 몸이란 다시 사신 주님께서 그들을 감화시키고, 그들에게 요구하시고, 그들을 인도하시기 때문에, 새롭고 특별한 삶을 함께 나누는 보통사람들을 가리킨다. '몸'이나 '지체'를 언급할 때, 우리는 이 점을 염두에 두어야 한다.

몸의 윤리

'몸된 생활'은 그리스도께서 그분의 몸의 지체들에게 이루도록 명하시고, 형성해가는 상호관계를 가리킨다. "하나님의 아들의 신비한 몸, 모든 신실한 사람들의 축복받은 교제"(영국국교회 기도서)에 편입된 표인 세례를 받음으로써 우리는 개인적인 회심과 함께 주님의 가정 안에서 그리스도의 몸 된 생활의 윤리를 실천해야 한다. 성경은 이 윤리를 존중과 봉사(섬김)라는 말로 자세히 설명한다.

존중: "누구든지 그리스도와 합하기 위하여 세례를 받은 자는 그리스도로 옷 입었느니라 너희는 유대인이나 헬라인이나 종이나 자유인이나 남자나 여자 없이 다 그리스도 예수 안에서 하나이니라"(갈 3:27, 28).

서로를 용납하고 이해하는 데 걸림돌이 되는 인종, 사회, 경제, 문화, 성(性)의 차이를 제거할 수는 없다고 해도 그 차이에서 비롯되는 한계는 분명히 초월해야 한다. 그리스도의 몸 안에서 모든 사람은 서로를 '지체'(엡 4:25)로 여기고 높여야 한다. 하나님이 그분의 자녀로 높인 사람들이기에 우리는 그들을 형제로 높여야 한다. 모두가 그리스도의 몸의 지체이므로 자기 몸을 소중히 하듯 소중히 해야 한다(고전 12:25 이하; 엡 5:28 이하). 낮고 궁핍한 사람이라도 그가 예수의 제자이기에, 그에게 실질적인 관심을 보이는 것이 진정한 기독교의 필수적인 덕목이며, 필요한 미덕이라고 예수께서는 명확하게 지적하신다(마 10:42, 25:34-45; 약 1:27).

당신은 교회에서 일어나는 일들을 보면서 그렇게 생각하지 않을 수도 있다. 그러나 하나님은 새로운 사회에서 누릴 그의 삶이 사랑, 선한 의도, 열린 마음, 우애로 가득한, 완벽한 삶이 되기를 원하신다. (그런데 우리는 실제로 무엇을 하고 있는가? 한번 말해보라!)

봉사(섬김): 봉사는 몸으로 실천하는 사랑이다. 바울은 말한다. 그리스도의 몸은 "사랑[아가페] 안에서[사랑을 통해, 사랑에 의해] 스스로 세우느니라"(엡 4:16). '아가페'는 부드럽게 말하고 미소 짓는 정도의 사랑이 아니다. 힘써 선을 베푸는 사랑이다. 그러면 교회는 사랑 안에서 어떻게 세워질까? 코이노니아(사귐) 안에서 '각 지체의 분량대로' 세워진다. 코이노니아란, 공산주의 선언문의 번듯한 문구처럼, "각 사람이 자기 능력에 따라, 필요에 따라" 나누는 것을 의미한다. 우리의 재산과 인격은 하나님의 선물로 쌓아두기 위해 있는 것이 아니라 나누기 위해 있다!

이 나눔이 바로 모든 그리스도인에게 요구되는 디아코니아(봉사, 사역)이다. 바울은 예수께서 "성도를 온전하게 하여 봉사의 일을 하게 하며 그리스도의 몸을 세우려"고 우리에게 복음 전하는 자와 목사를 주신다고 말씀한다(엡 4:12). 성령에게서 받는 은사(봉사하는 능력)는 다른 사람의 유익을 위해 기꺼이 사용해야 한다.

사역자로 부름 받음

그리스도의 몸을 세우는 것은 공동의 작업이다. 서로를 위하는 사역(목사가 평신도를 위하는 사역은 물론, 평신도가 평신도와 목사를 위하는 사역)을 통해 성숙한 그리스도인으로 자라나지 않는다면, 우리는 모두 나뉘고 침체의 늪에 빠지고 말 것이다. 따라서 세례가 우리 모두에게 제시하는 그리스도인의 사역, 그 소명에 귀 기울이는 일은 대단히 중요하다.

더 읽을 말씀

- 그리스도의 몸 안에서의 봉사: 에베소서 4:7-16, 고린도전서 12:14-13:13

복습과 적용

- 그리스도인의 '특별한 삶'의 근거와 형태는 무엇인가?
- 성경은 그리스도 안에서 인종, 사회, 성의 차별이 없다고 말한다. 그렇다면 우리는 서로에게 어떻게 행동해야 하는가?
- 우리가 공동으로 협력하지 않으면 분리되어서 침체하고 만다고 했다. 이것은 사실인가? 이것이 옳다고 생각하는가? 그 이유는 무엇인가?

13장 세례가 개인에게 주는 의미

그리스도인의 신조가 그의 삶을 형성해야 한다는 데는 아무도 이의를 제기하지 않는다. (어찌 그럴 수 있겠는가?) 그러나 세례에 대해서는 이런 태도를 견지하지 않는 것 같다. 세례가 진정 구원하시는 하나님의 은혜와 그 은혜를 붙잡는 우리의 믿음을 의미한다면, 세례는 삶의 틀을 결정짓는 요소가 되어야 한다. 과거의 그리스도인은 이 점을 잘 알았다. 그러나 오늘날은 이 점을 놓치고 있다. 청교도들은 사람들에게 "당신들이 받은 세례를 활용하고 그 가치를 높이십시오"라고 가르쳤다(현대의 독자에게 이 말이 어떤 의미로 다가오든). 그들은 세례를 받아 그로써 믿음, 소망, 사랑, 기쁨, 순종의 동력을 삼으라고 가르쳤다. 우리도 이 점을 배워야 한다.

세례를 대하는 시각

신자로서 내가 나 자신의 세례를 보는 시각에는 일곱 가지가 있다.

첫째, 나의 세례는 복음의 예식이었다. 세례는 "모든 믿는 자에게 구원을 주시는 하나님의 능력"(롬 1:16)을 상징적으로 나타내 주고, 믿음을 통해 내가 그 능력을 경험할 수 있다는 것을 보증해준 예식이었다. 그때 내가 물로 세례 받은 것이 확실한 것처럼, 지금 내가 요청하기만 하면 그리스도의 새 생명이 내게 임한다는 것도 확실하다. 따라서 나의 세례는 죄의식, 의심, 두려움, 비통함, 적개심, 비참함, 나쁜 습관, 도덕적 나약함, 절망적인 외로움(단순한 고립감이 아니라 그 고립감에 대한 반응) 등 악한 것들로부터 날마다 초자연적으로 나를 해방시켜준다는 확신을 준다.

둘째, 나의 세례는 결혼식이었다. 어떤 운명이 닥쳐오든지. (그러나 결국 최상의 운명이 다가온다!) 나의 주 예수의 사람으로, 그분의 언약의 상대로 나를 바치는 결혼식이었다. 따라서 나의 세례는 내가 누구의 사람이고, 누구를 섬겨야 하는지, 나를 사랑하고 아끼며 자기가 가진 모든 것을 나와 영원히 나누겠다고 맹세한 그분이 누구인지, 그리고 그 보답으로 나는 어떤 사랑과 충성을 그분에게 바쳐야 하는지 상기시킨다.

죽은 날

셋째, 나의 세례는 장례식이었다. 본성이 아담에 속한 나를 완전히 죽이는 장례식이었다. "그러므로 우리가 그[그리스도]의 죽으심과 합하여 세례를 받음으로 [즉, 세례로 자신을 드러내시는 하나님의 역사에 의해] 그와 함께 장사되었나니… 우리의 옛사람이 예수와 함께 십자가에 못 박힌 것은 죄의 몸[단지 물질적인 육체가 아니라 그 육체를 자극하는 난잡한 충동]이 죽어[능력을 잃어] 다시는 우리가 죄에게 종 노릇 하지 아니하려 함이니"(롬 6:4-6). 따라서 나의 세례는 "육신대로"[자신을 신으로 섬기는 경향대로] 살지 말고, 항상 "영으로써 몸의 행실을 죽이는" 삶을 살라고 요구한다(롬 8:12-13).

넷째, 나의 세례는 예수의 부활과 나의 부활을 선포하는 부활절 축제였다. 신자로서 그분의 부활 안에서, 그분의 부활과 함께, 나의 부활을 선포하는 축제였다. "너희가 세례로 그리스도와 함께 장사되고 또 죽은 자들 가운데서 그를 일으키신 하나님의 역사를 믿음으로 말미암아 그 안에서 함께 일으키심을 받았느니라"(골 2:12).

육체적으로 완전한 부활은 그리스도께서 다시 오실 때까지 기다려야 하겠지만, 내주하시는 성령을 통해 이미 나는 참으로 부활했다. 한편, 나의 세례는 내 안에 흐르는 그리스도의 생명을 날마다 드러내기 원하며 동시에 나의 몸이 새롭고 좀더 완전한 몸이 되리라는 것을 확신시킨다.

생일

다섯째, 나의 세례는 생일축하 잔치였다. 나는 그리스도와 함께 부활함으로써 새롭게 태어났고, 공식적으로 말할 수 있는 새로운 생일날이 생겼다(영국 여왕의 실제 생일과 공식적인 생일이 다른 것처럼). 그리스도께 직접 자신을 바쳐서 그리스도인으로서 새롭게 태어난 날과 세례를 받은 날은 원래 일치하지 않는다. (유아세례자에게는 이것이 거의 불가능하며, 성인세례를 받는 사람이라 할지라도 세례를 받기 전에 이미 새로운 탄생을 고백하는 일이 일어나기 때문이다.) 하지만 모든 생일이 인생에서 기쁨을 선사하는 순간인 것처럼, 세례 역시 나에게 그리스도 안에서 영적으로 사는 영원한 기쁨을 선사한다.

여섯째, 나의 세례는 하나님의 가정에 입양되는 예식이었다. 우리 하나님의 영광을 위해 예배하고, 증거하고, 일하는 사람들, 즉 하나님이 양자로 삼은 자녀들로 이루어진 가정에 내가 입양되는 예식이었다. 따라서 세례는 나에게 진정으로 하나가 되는 의미가 무엇인지 일러준다. 하나님의 교회에 속하여, 세상의 진정한 소금이 되려는 사람들, 그중에서도 매 주일 함께 예배드리는 교인들과 실질적으로 하나가 되라는 소명을 내게 주신 것이다.

일곱째, 나의 세례는 전적으로 그리스도와 그분의 뜻을 섬기는 삶을 살라는 임명식이었다. 18세기의 복음전도자였던 존 베리지(John Berridge)는 자신이 직접 쓴 비문(碑文)에서 자신을 '그리스도의 심부름꾼'이라고 했다. 나 역시 세례를 통해 그리스도의 심부름꾼으로 임명되었다.

따라서 이런 결론을 곰곰이 되새기고 음미하여, 우리 모두 우리가 받은 세례를 심화 활용해보기 바란다!

더 읽을 말씀

- 외적 표시와 내적 실재: 로마서 2:17-29

복습과 적용

- 자신의 세례를 "활용하라"는 청교도들의 말은 무엇을 의미하는가?
- 세례는 어떤 의미에서 '복음의 예식'인가? 세례자는 이 예식과

개인적으로 어떻게 관련되어 있는가?

• 세례는 어떻게 장례식인 동시에 생일잔치가 될 수 있는가? 이것은 모순이 아닌가? 모순이 되는 이유, 또는 그렇지 않은 이유는 무엇인가?

14장 세 번째 생일

나의 세례는 나의 세 번째 생일을 바라보게 한다. 세 번째 생일이란 무엇인가? 그것은 처음 두 생일이 그랬던 것처럼, 하나님의 달력인 영원한 세계에 들어서는 날이다. 그날 나의 심장은 멈출 것이다. 그 일이 언제 어떻게 일어날지 나는 모른다. 그날에 대해 어떤 경고가 있을지 아니면 없을지 나는 모른다. 59세에 일어날지 95세에 일어날지, 집에서일지 병원에서일지 아니면 노상에서 일어날지 모른다. 평화로울지 괴로울지, 전도서 12장에 묘사된 것처럼 노환으로 운명할지, 치명적인 질병 때문일지, 폭력이나 살인에 희생될지, 혹 이 세상을 심판하러 오시는 그리스도의 재림을 맞을는지 나는 모른다. 내가 아는 것이라곤 오직 언젠가 어떤 식으로든 나의 심장이 멎을 것이며, 그날이 나의 진정한 세 번째 생일이 된다는 것이다.

다가올 삶

나의 다른 두 생일은 무엇인가? 첫 번째 생일은 내가 어머니의 자궁에서 나와 이 물질세계에 속하여 보고 느끼고 먹고 소리 지른 때였다. 두 번째 생일은 그 후 18년이 지나 영적 어둠에서 깨어 나와 하나님의 구원과 나를 향한 그리스도의 사랑을 보고 느끼고 먹고 외친 때였다. 이미 알고 있겠지만 내가 여기서 '생일'이라고 말하는 것은 기념일이 아니라, 내가 이전에는 상상도 하지 못했던 하나님의 선물을 즐기기 시작한 날을 뜻한다. 내가 심장이 멎는 날, 그것이 하나님의 선물이 되는 때가 곧 다가올 것이다. 내가 이 세상을 떠나는 날이 진정으로 나의 세 번째 생일이 되는 것도 바로 그런 이유에서다. D. L. 무디는 이렇게 말했다. "언젠가 사람들이 무디가 죽었다고 당신에게 말할 것이다. 당신은 그 말을 믿지 말라! 그날 나는 보좌 앞에 설 것이다. 이제까지 살았던 것보다 더욱 생생하게 살아 있을 것이다." 그렇다. 나도 그럴 것이다.

한 친구는 이렇게 썼다. "오 하나님, 제가 당신께 내 인생의 주관자, 나의 주님이 되어달라고 청했다는 사실 때문에 저는 너무나 기쁩니다. '죽음', 곧 이 세상 삶의 '끝'을 선택하는 것이 내게 달려 있지 않아서 너무나 위안이 됩니다. 내가 인간애 때문에, 나도 모르는 어리석음 때문에, 그날을 아예 택하지 못할지도 모르기 때문입니다! 진정으로 죽음은 적은 것이 아니라 더 많은 것으로 들어가는 문이기 때문입니다. 모자라는 것이 아니라 더 넘치는 것, 줄어드는 것이 아니라 더 많아지는 것, 비워지는 것이 아니라 더 채워지는 것이며, 초상날이 아니라 생일날이기 때문입니다!"

옳은 말이다. 우리는 죽음을, 우리가 사모하는 빛에서 미워하는 어둠으로 나가는 출구로 생각한다. 믿지 않는 자들에게는 바로 그렇다. 그러나 그리스도인들에게 죽음은 입구다. 이곳 미명(未明, 영적으로 이곳의 삶은 미명에 지나지 않는다)으로부터 우리 하나님을 보는 밝은 빛으로 들어가는 입구다. "그들이 하나님의 보좌 앞에 있고 또 그의 성전에서 밤낮 하나님을 섬기매 보좌에 앉으신 이가 그들 위에 장막을 치시리니 그들이 다시는 주리지도 아니하며 목마르지도 아니하고 해나 아무 뜨거운 기운에 상하지도 아니하리니 이는 보좌 가운데에 계신 어린양이 그들의 목자가 되사 생명수 샘으로 인도하시고 하나님께서 그들의 눈에서 모든 눈물을 씻어주실 것임이라"(계 7:15-17).

바울도 이렇게 말했다. 세상을 "떠나서 그리스도와 함께 있는 것"이 훨씬 더 낫다(빌 1:23). 그리스도인의 죽음은 아무리 빨리 찾아왔을지라도 비극의 자리가 아닌 영광스런 자리로 옮겨가는 것이며, 이를 애도하는 사람은 자신과 유가족을 위해 우는 것이다. 존 버니언은 「천로역정」에서 '기독녀'(Christiana)가 죽었을 때 이렇게 묘사했다. "그녀의 자녀들은 울었다. 그러나 죽음이 무엇인지 아는 신앙심 깊은 두 남자 '고결함'(Great-heart) 씨와 '담대함'(Valiant) 씨는 기쁨에 겨워 잘 조율된 심벌즈와 하프를 연주해주었다." 또 조지 맥도널드는 "하나님이 아시는 것처럼 우리가 죽음을 안다면, 우리는 박수를 칠 텐데…"라고 말했다.

소망의 표시

나는 이 모든 것을 어떻게 알 수 있었을까? 첫째, 성경에서, 둘째, 나의 세례에서 알았다. 유대인은 해양활동에 익숙하지 못했다. 그래서 성경에서 '물'(파도, 깊음, 폭풍우처럼)은 종종 혼돈이나 죽음의 상징으로 나타난다. "물이 내 머리 위로 넘치니 내가 스스로 이르기를 이제는 멸절되었다 하도다"(애 3: 54).

따라서 세례 때 물 아래 있는 것은 육체적으로는 물론 도덕적으로도 회개와 자기 부정으로 예수님과 함께 죽는 것을 의미하며, 물에서 나오는 것은 현재의 영적 부활의 증거일 뿐 아니라 죽은 뒤 몸이 부활하여 영원히 예수님과 함께 산다는 표시이다.

그러므로 세례 예식은 새 생명의 선물이 사형선고를 무효화하여, 죽음이 나의 존재나 기쁨을 말살하지 못한다는, 하나님께 받은 약속을 행동으로 보여주는 예식이다. 그리고 하나님의 종인 목사가 내게 세례를 베풀 때 내가 순순히 따랐다는 사실은, 나를 본향으로 데려가시는 하나님의 은혜에 나를 맡겨야 한다는 점을 가르쳐준다. 나의 세례로 하나님이 내게 하신 약속은 내가 죽을 때까지, 그리고 그 이후 주 예수께서 나를 그분에게 데려가시는 날까지 유효하다(요14:1-3, 17:24). "가장 좋은 것이 아직 남았습니다"라고 쓴 브라우닝의 말은 옳다. 나의 세 번째 생일은 아직 오지 않았다.

더 읽을 말씀

- 본향으로 영접함: 요한복음 14:1-4, 누가복음 23:39-43, 베드로전서 1:1-9, 베드로후서 1:1-11

복습과 적용

- 죽음은 초상날이 아니라 생일날이라는 데 동의하는가? 당신의 입장을 설명해보라.

- 그리스도인과 비그리스도인이 죽음을 바라보는 시각은 어떻게 다른가?

- 우리의 세례는 죽음에 대해 무엇을 가르쳐주는가?

제임스 패커의 기독교 기본 진리
세례와 회심

초판 1쇄 인쇄 2012년 9월 24일
초판 5쇄 발행 2022년 1월 10일

지은이 | 제임스 패커
옮긴이 | 김진웅
펴낸이 | 정선숙
펴낸곳 | 협동조합 아바서원

등록 | 제 110-86-15973(2005년 2월 21일)
주소 | 경기도 고양시 덕양구 동로217 DMC플렉스데시앙 B동 1523호
전화 | 02-388-7944 **팩스** | 02-389-7944 **이메일** | abbabooks@hanmail.net

ISBN 978-89-969503-2-5
　　　978-89-969503-0-1(세트)

잘못 만들어진 책은 구입한 곳에서 교환해 드립니다.